그래도 독서,
그러니까 독서!

읽는 아이가 세상을 이긴다
그래도 독서, 그러니까 독서!

초판 1쇄 발행 2025년 5월 19일
지은이 김세진

발행인 이연선
발행처 재재책집

등록 제25100-2021-000105호 (2021년 12월 21일)

주소 서울 구로구 디지털로33길 11, 1006호 ㈜올댓컨텐츠
전화 070) 8825-0319
전자우편 zeze_bookzip@naver.com

디자인 *shoot*
인쇄 • 제작 영신사

© 김세진, 2025

값 18,000원
ISBN 979-11-986018-4-1 (03370)

※ 이 책은 저작권법에 따라 보호받는 저작물이므로 무단전재 및 복제를 금합니다.

읽는 아이가 세상을 이긴다

그래도 독서, 그러니까 독서!

김세진 지음

재재
책집

═══ 프롤로그 ═══

독서, 채우는 게 아니라
꺼내는 일

"독서란 무엇일까? 책 읽기의 진짜 힘은 어디서 나올까?"

10년 넘게 독서 교육을 하며 수많은 아이를 만나온 내게 어느 날 문득 이런 질문이 떠올랐다. 책을 읽는다는 건 단순히 글자를 해독하는 행위가 아니다. 진정한 독서는 읽는 데서 시작해 쓰고, 말하고, 나누는 과정으로 완성된다. 하지만 많은 아이가 책 읽기를 힘들어하고 스스로 책을 읽으려 하지 않았다. 왜일까? 어쩌면 '왜 읽어야 하는지'에 대한 이유를 찾지 못했기 때문일 것이다.

독서통장, 독서 노트, 감상문 쓰기…….

우리는 때로 책을 읽으며 '기록'에만 집중하고, 의미와 메시지는 놓친 채 의무처럼 문장을 옮겨 적어왔는지도 모른다. 그렇게 독서는 내 것이 아닌 '누군가를 위한' 활동이 되어버렸는지도. 그러나 독서란 사전적 정의처럼 단순히 책이나 글을 읽는 데 그치지 않는다. 독서는 사회와 소통하고, 스스로 질문을 던지고, 새로운 지식을 창출하기 위한 도구다. 책은 공감과 대화, 창의력과 인성이 열리는 나무다. 아이들에게 그림책을 처음 건네는 부모님께 꼭 전하고 싶은 말이 있다.

"그림책은 단순히 읽히는 책이 아니라, 열리고 살아나는 책입니다."

다양한 주제와 메시지를 담은 그림책을 함께 소리 내어 읽고 이야기하고 감정을 나눈다면, 아이들은 스스로 책을 열고 자신만의 세계를 발견하게 될 것이다.

그동안의 강의 경험에서 얻은 교훈은 단 하나다. 아이들의 생각을 바꾸는 독서의 힘은 '즐거운 읽기'에서 시작된다는 것이다. 이 책을 통해 풍성한 이야기와 생각거리를 제공하고 다양한 작가의 가치관과 세계 곳곳의 문화를 전달하여 새로운 읽기의 매력을 보여주려 한다. 단지 책 목록을 제안하는 데 그치지 않고 그림책을 매개로 한 '읽기+놀이+생각'의 통합적 독서의 즐거움을 함께 나누어볼 생각이다. 책을 바탕으로 아이들이 저마다 자존감과 창의력, 공감력, 세상에 대한 시선을 키우는 길을 안내해나갈 것이다.

유아기 때 그림책을 읽는 습관은 평생 책과 친구가 되는 기반을 닦아준다. 부모는 아이에게 책을 '읽으라고 시키고 점검하는 사람'이 아니라 '함께 책을 읽고 즐기며 책 속을 걷는 사람'이 되어야 한다. 독서는 우리가 타인과 대화의 문을 열고, 감정을 나누고, 세상을 바라보는 관점을 확장하는 방편이자 길잡이가 되어야 한다.

독서는 창의력과 상상력을 자극하여 아이가 새로운 발상과 해결책을 찾도록 도우며, 부모에게는 물질적·공간적·심리적 진공 상태를 가져다주어 휴식과 재충전의 기회를 준다. 아이들은 책을 만나면서 편견과 선입견을 없애고 공감과 이해에 기반한 공동체 의식을 기르며 급변하는 교육환경에서 미래 역량을 키우는 중요한 자산을 얻는다.

이 책은 독서가 지식을 '채우는' 일이 아니라, 감정과 상상, 질문과 깨달음을 '꺼내는' 일이 되도록 돕고자 한다. 우리 아이들이 독서의 첫걸음을 힘차게 내딛고, 부모는 이 길을 함께 걸으며 아이들의 독서 여정을 안내할 수 있기를 바란다. 책이 질문할 때 우리는 아이들과 함께 그 답을 찾아가는 여정을 계속할 것이다. 그 작은 여정의 시작이, 이 책이기를 바란다.

김세진

차례

프롤로그 독서, 채우는 게 아니라 꺼내는 일   4

1장
읽고 생각하고 놀면서 크는 아이들

모든 부모가 꿈꾸는 내 아이는 '책 읽는 아이'다   15

감상을 강요하지 마세요   24
  * 북 큐레이션_ 글자 없는 그림책   32
  * tip 활동 제안_ 내 아이의 감성력을 키우는 활동   33

AI 시대, 내 아이가 세상을 건너는 튼튼한 다리, 책   35

2장
자존감과 독립심은 단짝이다

괜찮아, 다 괜찮아: 《아름다운 실수》   45
  * 북 큐레이션_ 실수해도 괜찮다고 다독여주는 그림책   52

달라도 큰일 나지 않아 : 《어느 날 아무 이유도 없이》　　　　　53
*북 큐레이션_ 내가 달라 보여 마음이 어지러울 때 같이 읽어요　　60

정치적으로 올바르게 올바르게: 《메리는 입고 싶은 옷을 입어요》　61
*북 큐레이션_ 양성평등을 이야기해줄 수 있는 그림책　　　68

자, 눈치 보지 말고 : 《돌 씹어 먹는 아이》　　　　　　69
*북 큐레이션_ 눈치, 그리고 용기와 관련된 책을 찾는다면　　75

선택하는 걸 '선택'하지 않았더니 이럴 수가: 《펑 아저씨》　76
*tip 활동 제안_ 아이가 선택한 장소로 가족 나들이를 떠나볼까?　83

창의력은 호기심과 상상력을 먹고 자라는 나무

속이 다 시원하네: 《머리 위의 새》　　　　　　　87
*북 큐레이션_ 질문을 던져주는 책　　　　　95

무슨 꿈이든 괜찮아, 엄마도 아이도 같이 꿈을 찾아 떠나요: 《키오스크》 96
*북 큐레이션_ 아이의 꿈을 위해 읽을 때 엄마도 같이 꿈꾸며 읽어요　106

이게 이렇게까지 된다고?: 《내 머리가 길게 자란다면》　107
*북 큐레이션_ 우리 상상력, 더 크게 크게　　　114
*tip 활동 제안_ 경청하는 힘을 기르는 데 좋은 가족 활동　115

잠들기 전에 만나요: 《달 샤베트》　　　　　　116
*북 큐레이션_ 밤의 전사들을 위한 그림책　　　124

생각이 달라도 너무 달라: 《배고픈 거미와 행복한 코끼리》　125
*북 큐레이션_ 경계와 편견을 깨뜨리는 그림책　　131

4장

개성도 인성도 모두 너희들 것

더불어 살아요: 《사랑 사랑 사랑》 135
  *북 큐레이션_ '사랑'에 대한 마음을 나누기 좋은 글 141

행복도 꿈도 여행도 모두 개성개성: 《무무 씨의 달그네》 142
  *tip 활동 제안_ 무무 씨가 되어 묻고 기록으로 남겨두자 148

'제대로 본다'는 것의 의미: 《나와 스크러피, 그리고 바다》 149

같은 의자라도 이야기가 다르듯 우리들도 다 달라요:
《곰씨의 의자》, 《엄마의 의자》, 《피터의 의자》 156

낯설고 다르지만 얼마든지 친구가 될 수 있어:
《달토끼, 거북이, 오징어》 163
  *북 큐레이션_ 우리들의 우정과 친구에 관하여 169

사랑하는 사이에는 거리가 필요해 : 《적당한 거리》 170

엄마 아빠, 착한 게 뭔가요?: 《착해야 하나요?》 178
  *북 큐레이션_ 자존감을 높여주는 성장 그림책 187

5장

지성과 감성이 폭발하는 마당

우리 아이들에게 진짜 세상을 : 《디지털》 191
  *tip 활동 제안_ 우리 집 디지털 디톡스 198

경제를 아는 게 세상을 아는 첫걸음: 《야기돼지 삼 형제가 경제를 알았다면》 199
* tip 활동 제안_ 집에서 경제를 배워요 204
* tip 활동 제안_ 화폐박물관으로 떠나는 경제 나들이 205

생명은 경이로워: 《염소 시즈카》 206
* 북 큐레이션_ 도서관에서 발견한 특별한 책 214
* tip 활동 제안_ 일상 다이어리 또는 일상 그림책 일기 쓰기 215

이것은 성장통: 《우리는 안녕》 216
* 북 큐레이션_ 죽음과 이별에 대해 이야기 나누기 좋은 책 225

마음은 어디에 있나요?: 《서서 자는 사람》 226
* 북 큐레이션_ 마음아 마음아, 넌 어디 있니? 232
* tip 활동 제안_ 아이들과 나들이하면서 애도를 체험하자 233

구겨지고 돌돌 말리고, 그래서 꿈꾸는 봉지 : 《나는 봉지》 234
* 북 큐레이션_ 질문이 마구 솟아날 수 있는 그림책 240
* tip 활동 제안_ 아이들에게 물어보세요 241

세상을 배우고 미래를 묻는다

나를 찾는 위대한 여행을 떠나자: 《매튜의 꿈》 245
* 북 큐레이션_ 꿈을 찾는 데 도움이 되는 책 254

환경은 우리의 미래: 《안녕, 폴》 255
* 북 큐레이션_ 환경을 생각하는 그림책 263

스마트 세상, '오감 독서' 시대가 열리다 264
* 북 큐레이션_ 팝업 북, 페이퍼 커팅 북, 인터렉션 그림책 275

1장

읽고 생각하고 놀면서 크는 아이들

모든 부모가 꿈꾸는
내 아이는 '책 읽는 아이'다

그림책을 '읽는다'는 것의 의미
・・・

우리는 그림을 본다고 표현하고, 책을 읽는다고 말한다. 그러면 그림책은 '보는' 걸까, '읽는' 걸까? 이 단순한 질문 속에 그림책의 본질이 숨어 있다. 그림책은 보는 것과 읽는 것을 넘어선다. 이것은 '경험하는 책'이다. 장면마다 감정을 담고, 문장마다 생각을 심는다. 아이는 페이지를 넘기며 이야기 속을 걷고, 상상의 세계를 통과하며 자기만의 언어를 만들어간다. 그림책과 동화책은 다른 개념이다. 그림책 안에 동화책이 속한다고 할 수 있다. 그림책의 사전적 의미는 '그림을 모아둔 책, 어린이를 위하여 주로 그림으로 꾸민 책'이다.

문학박사이자 소설가이며, 35년간 대학에서 문학을 가르친 아동문학 연구자 페리 노들먼(Perry Nodelman)은 그림책을 이렇게 정의했다.

"어린이를 위해 연속되는 그림들이 상대적으로 단순한 글과 결합하거나 글 없이 정보를 소통하고 이야기를 들려주는 책."

그는 그림책이 다른 형식의 시각 예술이나 언어 예술과는 구별된다고 강조한다.

그림책(picturebook)은 텍스트만으로 의미를 전하는 책이 아니다. 글과 그림이 동등하게, 혹은 그림이 더 강하게 이야기를 이끌어간다. 어떤 그림책은 말 한마디 없이도 이야기를 전달한다. 그림은 해석을 요구하고, 독자와 상호작용하며, 페이지마다 감정과 의미를 새긴다. 그래서 그림책은 글자를 읽기 전의 아이는 물론 모든 연령과 시대, 문화를 아우르는 독서의 형식이 된다.

반면 동화책(storybook)은 일반적으로 텍스트 중심이다. 대부분 글만으로도 이야기를 온전히 이해할 수 있으며, 그림은 서사를 돕는 보조적 삽화 역할을 한다. 동화책은 아이들을 위한 이야기이지만, 그림책은 아이를 위한 책이면서도 동시에 함께 읽는 어른의 감각과 해석을 환기시키는 예술적 매체다.

그림책의 또 다른 특징은 여러 번 읽어도 매번 새로운 감상이 가능하다는 점이다. 한 번 읽는 것이든 여러 번 반복해서 읽는 것이든 그 자체가 중요한 것은 아니다. 글과 그림이 어우러진 작품이기에, 어떤 아이는 단 한 번에 모든 의미를 포착하기도 하고, 어떤 아이는 한 번은 그림을 중심으로, 또 한 번은 글에 집중하며 천천히 감상의 깊이를 더해간다.

그림책을 어떻게 읽고 느낄지는 전적으로 아이의 몫이다. 어떤 방식으로 감상하든, 그것은 그 아이만의 정당한 선택이다. 따라서 그림책을 읽은 뒤 내용을 제대로 설명하지 못한다고 해서 아이에게 다시 읽으라고 다그치거나 면박을 주는 것은 아이의 선택권과 감상권을 빼앗는 일이다. 그림책은 '잘 읽는 법'이 정해진 책이 아니라, 스스로 느끼고 해석하며 누리는 예술이어야 한다.

책 읽는 아이로 자라길 바란다면
...

부모는 아이가 책 잘 읽는 아이로 자라나길 바란다. 그리고 여기서 한 발 더 나아가, 책을 좋아하는 아이로 커가길 바란다. '독서의 힘'은 결국 '읽어내는 힘'에서 시작한다. 공부가 엉덩이 힘이라고 얘기하듯이 독서는 글을 읽어내는 힘이다.

많은 부모가 아이에게 책을 읽어주는 이유는, 결국 아이 스스로 책을 많이 읽을 수 있도록 돕기 위해서일 것이다. 또한 책 읽는 과정을 통해 아이들이 집중력, 정서적 교감, 이해력 등 다양한 능력을 기를 수 있기 때문이다. 학습 효과 측면에서도 '읽어내는 힘'은 매우 중요하다. 문해력은 모든 학습의 기초가 되는 능력이기 때문이다. 국어 지문을 빠르게 읽어내는 훈련뿐만 아니라, 수학과 과학 등 전 과목에서도 문해력은 핵심적인 기초 역량이 된다. 그래서 학교 선생님은 물론, 부모들까지 독서의 중요성을 강조한다.

그렇다면 '읽어내는 힘'은 어떻게 기를 수 있을까?

나는 완독과 정독을 함께 해야 한다고 강조한다. 완독은 책 한 권을 끝까지 읽는 것이고, 정독은 뜻을 새겨가며 정확하고 자세히 읽는 것이다. 그림책, 동화책, 소설, 논문 등 어느 형식의 글이라도 상관없다. 완독과 정독이 중요하다. 만약 완독과 정독 중 무엇이 더 중요하냐고 묻는다면, 나는 완독보다는 정독에 더 무게를 두어야 한다고 답한다. 완독도 읽는 힘이 필요하지만, 정독은 에너지가 더 많이 드는 일이기 때문이다. 또한 정독은, 책이 전달하고자 하는 의미를 파악하고 책에서 내가 얻어가는 의미를 파악하기 위해 필요한 방법이다. '정독'이라고 해서 주인공의 이름을 기억하거나 사건이 일어난 장소나 시간 등 단편적인 것을 정확히 읽으라는 의미가 아니다. 글의 흐름과 맥락, 전체적인 이야기를 파악하는 것을 말한다.

완독보다 정독을 하려면 어떻게 해야 할까? 우선 아이가 책에 집중하도록 해야 한다. 만약 아이가 책을 읽어달라고 하면 당장 모든 걸 멈추고 아이에게 가장 큰 동작으로 달려가야 한다. 아이가 원하는 순간이 책에 집중할 절호의 '찬스'다. 또 하나, 아이가 가져온 책이 어떤 장르든 편견 없이 무조건 읽어주자. 아이는 자신의 선택권이 존중받았다고 느끼며 책에 온전히 집중하게 된다. 정독으로 읽는 힘을 기르고 나면, '완독'은 저절로 온다. 아이의 읽는 힘이 커질 수 있도록 기다려주고 칭찬해주는 시간이 필요하다.

'솔로 독서' 시기는 반드시 온다
...

가끔 이런 질문을 해오는 부모님이 있다.

"잠자리에서 책 읽어주는 일이 점점 힘들어요. 대체 언제까지 읽어주어야 하나요?"

내 아이가 책을 좋아하는 사람으로 자라기를 바라는 마음에서 시작한 책 읽어주기가, 부모에게도 고단한 '노동'으로 느껴질 때가 있다. 그럴 때면 대체 이 노릇을 언제까지 해야 하나 궁금해지기도 한다.

우리 아이가 중학생이 되고 얼마 지나지 않은 어느 날, 13년을 하루도 빠짐없이 나와 자던 아이가, 아니 심지어 내가 없으면 울면서 잠을 자지 않던 아이가 선언했다.

"엄마, 나 이제 혼자 잘래."

난 그날 아무렇지도 않게 너무나도 이날을 기다려왔다는 듯 "그래"라고 말했지만 사실은 아니었다. 갑자기 잠자리가 허전해 뒤척이게 되고, 오히려 내가 어린아이처럼 애착인형을 마련할 정도였다.

아이들이 잠자리를 독립하듯 언젠가 "엄마 나 이제 혼자 읽을게"라며 솔로 독서를 선언하는 날이 온다. 아이마다 다르지만 어느 아이든, 누구에게나 '반드시' 온다. 시기가 조금 빠르거나 늦더라도 고작 1~2년 차이가 날 뿐이다. 다만 솔로 독서의 날이 올 때까지는 계속 읽어주어야 한다. 아이가 좀 더 크고 말귀를 알아듣는 나이가 되었다고 해서 "조금 있다가 읽어줄게", "잠시 기다려", "엄마, 이것만 끝내놓고" 같은 말을 해서는 안 된다. 앞에서 말한 '정독'과 이어서 완성되는 '완독'의 힘을 위해서는 당장 아이가 집중하도록 해야 한다.

솔로 독서를 온전히 성공할 때까지 시간은 오래 걸린다. 엄마 같은 속도로 읽기에는 턱없이 느리지만, 아이들에게 속도는 중요하지 않다. 매일매일 꾸준히 책을 찾고 읽는 것이 중요할 뿐. 아이들이 읽는 한 권 한 권이 쌓여 10권, 100권이 될 것이다. 엄마는 그 시간 동안 옆에서 아이의 책 읽는 소리를 가만히 들어주면 된다.

처음 걸음마를 시작한 아이의 발걸음에 속도를 맞춰 걷던 것처럼, 읽어나가는 시간을 들어주자. 아이에게 빨리 읽어내기를 강조한다면 분명 목적지에 다다르기 전에 좌절할 수도 있다. 천천히 아이의 속도에 맞춰서 포기하지 않고 완주할 수 있도록 엄마가 페이스메이커, 즉 러닝메이트가 되어야 한다.

아이의 생활 반경에 도서관을 끌어들이자

나는 초등학생 독서 수업을 할 때 나만의 루틴을 가지고 시작한다. 자기소개는 자주 건너뛰는 편이지만 도서관의 역사와 책의 역사는 꼭 이야기해준다. 그리고 꼭 이야기해주는 것이 도서관의 한국십진분류표다. 십진분류표는 주제에 따라 책을 10종류로 구분해놓은 도서 분류 체계표다. 총류(0), 철학(1), 종교(2), 사회과학(3), 자연과학(4), 기술과학(5), 예술(6), 언어(7), 문학(8), 역사(9) 총 10개의 주류로 1차적으로 구분한 다음, 각 주류를 다시 10개로 나누어 구분한다. 우리가 읽는 책의 뒤표지를 보면 이 분류표대로 주제가 나뉘어 있다. 아이들에게 십진분류표를 설명해주고 지금 읽고 있는 책 뒤표지에 적힌 분류표 번호를 설명해주면 아이들은 흥미를 보이면서 정말 신기해하고 재미있어한다. 이런 방식은 아이들이 책에 한 걸음 더 가까이 다가가는 데 좋은 계기가 된다.

아이들을 책과 친하게 만드는 방법은 책에 자주 '노출'시키는 방법이 최고다. 학업과 스마트폰에 치중된 아이들의 생활 반경에 도서관과 서점을 끌어들이자.

고등학교 시절, 나는 학교가 끝나고 서점에 자주 갔다. 처음에는 책 냄새가 막연히 좋아서 갔고, 점점 그 공간이 주는 적당한 중압감이 나를 위로해주는 것 같은 느낌이 들어 좋았다. 마음이 힘들 때면 위로를 받을 만한 책을 찾아보기도 하고, 너무 기분이 좋은 날엔 요리책을 펼쳐보았다. 이유를 알 수는 없지만, 화려하고 맛있어 보이는 음식 사진을 보면 기분 좋은 느낌이 배가되었고 심리적인 대리만족을 했던 기억이 있다. 이후 점점 서점에 가는 횟수가 늘면서 서점 아저씨와 인사도 나누었고 보고 싶은 책을 볼 수 있는 구석진 공간도 찾아냈다. 예전에는 동네 서점만 가도 새로 출간되는 거의 모든 책이 다 진열되어 있었다. 웬만한 책은 서점에서 직접 보고 고를 수 있었기 때문에 굳이 도서관까지 가야 할 필요성을 느끼지 못했다. 그런데 요즘은 동네 서점들이 거의 없어지고, 살아남은 서점이라 해도 참고서나 베스트셀러 위주로만 진열되어 있어서 예전과 같은 서점 순례가 쉽지 않다. 대신 도서관이 훨씬 많이 생겨서, 웬만한 주민센터에 들어선 '작은 도서관'만 이용해도 모든 책을 볼 수 있다. '상호대차' 서비스를 이용하면 다른 도서관에 있는 책을 가까운 도서관에서 대출할 수 있으니, 마음만 먹으면 책을 얼마든지 볼 수 있는 환경이 되었다.

그래서 나는 엄마들에게 아주 어릴 때부터 아이 손 잡고 도서관 가는 나들이 습관을 권한다. '도서관'이나 '서점'을 아이들의 생활 반경에 일찌감치 넣어두자. 그러면 굳이 강요하지 않고도 아이들이 먼저 나서자고 하는 날이 꼭 온다.

《나는 도서관입니다》(노란돼지, 2021)를 쓴 명혜권 저자는 "도서관은 한 가지 이유만으로 존재하는 콘크리트 건물이 아니다"라고 말한다. "사람과 책을 나누는 일을 가장 중요하게 여기는 곳, 책이 사람을 성장시키리라는 기대를 품고 있는 곳, 이야기를 찾으러 사람들이 모이는 곳"이 도서관이라고 말한다. 나 역시 저자의 말에 백 퍼센트 동감한다.

마음껏 다양한 책을 펼쳐볼 수 있는 도서관에서 손쉽게 감상할 수 있는 시간을 마련해준다면 우리 아이가 언제든 솔로 독서의 기쁨을 맘껏 누릴 날이 올 것이다. 독서 마라톤의 시간이 이어진다면 독서라는 마라톤의 고수가 될 날이 올 것이다.

감상을 강요하지 마세요

서로 다른 생각을 보고 듣고 받아들이는 시간
· · ·

그림책 수업은 아이부터 성인까지, 연령층에 따라 형태와 양식, 방향이 다르게 구성되는 수업이다. 다시 말해 모든 연령대를 아우를 수 있는 수업이라고도 할 수 있다. 그중에서도 아이와 엄마가 함께 참여하는 그림책 수업은 3~4세 유아를 대상으로 한다. 이 시기의 아이들은 아직 모든 것이 서툴고, 분리 수업에 대한 준비도 충분하지 않다. 도구 사용에 익숙하지 않은 아이들, 그리고 자녀와 함께 가정에서 교육을 이어가고자 하는 부모를 위한 수업이다. 수업 활동은 미술 작품으로 마무리되며, 음악과 대화 중심의 방법으로 이루어진다. 아이와 부모가 함께 경험하고 소통하는 시간이 되는 것이 특징이다.

세상 모든 일에는 장단점이 있다. 이 수업의 장점은 아이들이 엄마와 함께함으로써 안정감을 느낀다는 것, 단점은 때때로 엄마들의 도움이 지나치다는 것이다. 결과물을 얻는 것보다 중요한 건 생각하고 함께하는 '과정의 시간'이다. 완성된 하나의 작품을 향해 엄마와 생각을 맞추고 활동하는 것 자체가 성취감은 물론이고 매우 높은 만족감을 준다. 아이에게는 친구들과 함께해서 즐거운 시간이 되고, 엄마에게는 저마다 조금씩 다른 또래 집단의 발달을 관찰할 수 있는 기회가 된다. 이는 아이의 사회성을 바로잡고, 더 깊이 이해할 수 있는 시간으로 이어진다. 수업을 하다 보면 아이들이 비록 어리더라도 다른 친구가 만들어가는 과정을 지켜보며 서로 다른 생각을 '보고', '듣고', '받아들이며' 이를 바탕으로 자신의 생각을 수정할 기회를 삼는 경우를 많이 본다. 이는 아이들이 수업을 통해 배우는 또 하나의 중요한 성장 포인트다.

'일시 정지'가 필요하다
...

수업을 시작하면 그림책을 펼치는 시간이 가장 먼저다. 나는 그림책을 보여주면서 처음부터 끝까지 한 번에 읽어주지 않고 중간중간에 계속 질문을 던지는 편이다. 누군가는 이런 내 방식에 반대해 중간에 멈추지 말고 끝까지 읽어주는 게 좋다고 하지만 나는 생각이 다르다.

나의 '일시 정지'에는 이유가 있다. 바로 아이들에게 다음 장에 뭐가 나올지 상상하는 시간을 주고 싶은 것. 그래서 지금 읽고 있는 바로 이 장면에서 아이들이 어떤 생각을 하는지 듣고 싶기 때문이다. 아이들의 머릿속이 너무나도 궁금해서, 나는 일시 정지한 다음 아이들에게 묻는다.

"자, 이 다음 장면에서 주인공은 어떤 표정을 지었을까? 화를 낼까? 무슨 영문인지 몰라 어리둥절해할까? 아니면 슬퍼할까?"

내가 질문하면 아이들은 바로 대답하지 않고 한참을 생각한다. 아이들의 답을 기다리는 시간이 내게는 또 하나의 '설렘'이다. 무슨 답이 나올지 너무 기대되기 때문이다. 그런데 기대의 시간은 내 바람처럼 그리 길지 않다. 시간은 충분하고 아이들도, 나도 서로 기다릴 수 있는 시간인데, '끼어들기'가 범람하기 때문이다. 생각 회로가 분주히 돌아가느라 아이들의 눈빛이 반짝반짝 빛나는 사이, 잠깐의 시간을 못 참은 엄마들이 귓속말로 아이들의 생각 회로를 끊어놓는다. 그러면 그 즉시 아이들의 빛이 멈춘다. 난 분명 보았다. 상상의 빛이 꺼지는 순간을 말이다.

질문받은 것은 아이들인데 대답하는 것은 엄마다. 누가 생각해도 정말 이상한 이 장면을 아무도 상관하지 않는 듯하다. 엄마의 입장에서도 나름 이유가 있다. 대답을 제대로 못 해 무안한 나머지 그것이 아이의 자존감 하락으로 이어질까 봐, 아이가 생각은 많은데 내성적이라 표현하는 걸 엄마가 도와주는 게 좋겠다고 판단해서, 친구들은 다 대답하는데 내 아이만 대답하지 못하면 또래 집단에서 뒤처지는 것처럼 보일까 봐, 더 나아가서는 아이들의 침묵을 선생님인 내가 못 견디고 당황해할까 봐 나를 구해주려는 마음에서…… 등등.

한 번은 이런 일도 있었다. 글자 없는 그림책을 보면서 주인공의 손에 들려 있는 것이 무엇인지 묻고는 주인공의 표정이 어떤 감정을 표현하고 있는 것인가를 물었다. 그러자 한 아이가 바로 표정으로 답했는데 주인공이 보여주는 행동과 정확히 일치했다. 너무 놀라워서 책장을 넘기려는 순간, 엄마가 옆에서 아이의 귀에 대고 소곤거렸다.

"소리 지르잖아. 크게 소리 지르면서 뛰어다니는 표정이잖아."

한껏 부풀어 오르던 풍선이 그대로 푸쉬쉬~~ 소리를 내며 허무하게 바람이 빠지는 걸 보는 게 이런 느낌일까? 아이는 엄마가 알려준 문장을 녹음기 재생하듯 내뱉을 뿐이었다. 아이들의 생각 회로를 끊어버리고 엄마의 목소리를 출력하는 게 분명했다.

그날 또 다른 아이는 주인공에게서 다른 표정을 보기도 했을 것이다. '너무 화가 나서 곧 터질 것 같아', '하고 싶은 말이 있는데 그게 꽉 차서 속이 부풀어 오른 표정이야', '운동장에서 공놀이를 하는데 같은 편 친구에게 패스를 하려는 순간이야', 장난치다가 엄마한테 들켜서 동생한테 빨리 도망 가라고 소리지르는 것 같아' 등등…… 아이들의 대답은 매우 다양하게 나왔을 수 있다. 내가 아이들에게 하는 질문에는 정답이 없다. 답을 맞힐 필요도 없고, 시간제한을 둘 필요도 없다. 아이들의 엉뚱 발랄한 대답, 그것이 그림책 수업이 바라는 목표다. 일시 정지는 아이들의 생각 회로를 풍성하게 하는 데도 필수지만, 아이를 기다려주고 아이의 시간을 존중해주어야 하는 엄마들에게도 매우 필요하다.

글자는 상상에 맡기고 그림을 읽어보자
・・・

그림책 수업에서 아이들이 저마다 생각 회로를 풍성하게 돌릴 수 있도록 질문을 하는 것만큼 내가 자주 활용하는 그림책이 있다. 바로 '글자 없는 그림책'이다.

초등학생들은 책에 글자가 없다는 것을 유독 신기하게 여긴다. 글자를 익힌 지 얼마 되지 않았기에, 글자 없이도 작가의 의도가 전달된다는 것을 매우 흥미롭게 받아들이기 때문이다. 반대로 3~4세 아이들은 글자 없는 그림책도 그림책 자체로 받아들이는 느낌이다. 초등학생이든 유아든, 글자 없는 그림책으로 수업을 하면 아이들의 생각이 훨씬 다양하고 집중력이 높아지는 것을 느낀다.

　이수지 작가의《여름이 온다》(비룡소, 2021)는 대표적인 글자 없는 그림책이다. 비발디〈사계〉중 '여름'에 모티브를 둔 책으로, 1~3악장을 각기 다른 표현 기법으로 그린 점이 매우 독특하다. 수업할 때는 실제로 비발디의〈사계〉중 '여름'을 감상하면서 책을 읽는다. 음악에 귀를 기울이며 글자 없는 그림책을 보면 집중하는 시간이 더 깊어지고 감상도 훨씬 다양하게 나온다. 그림에 대한 이해도 저마다의 방식으로 다양한 모양과 색, 형태로 해석될 수 있다.

　《여름이 온다》는 책 한 권 전체가 온통 여름으로, 책장을 넘길 때마다 다른 온도가 느껴지는 게 특징이다. 당장이라도 나가서 물놀이를 하고 싶은 마음이 들 정도로 여름이 입체적으로 느껴진다. 비발디의 '여름'은 3악장으로 구성되었는데, 더운 여름날의 무더운 공기를 연상시키는 느리고 불안한 1악장으로 시작해 폭풍우가 치는 2악장 그리고 폭풍이 본격적으로 몰아치는 역동적인 3악장으로 넘어가서 곡이 끝날 때 즈음이면 여름 한 계절을 보낸 것처럼 알맞게 그림책이 끝난다. 각 장이 다른 속도로 연주되는 것처럼 이수지 작가도 각 장마다 다른 기법으로 그림을 표현하면서 삼차원적인 공간의 부피를 표현했다. 또한 악장의 시작과 끝에 부드러운 질감의 종이를 사용해 포인트를 주는 동시에 무대 위 파란색 커튼보다 더 강렬한 파랑을 이용해 분위기를 전환시킨다.

오케스트라가 등장하고 연주가 시작되면 파란색 커튼이 열리며 아이들의 여름이 시작된다. 시원한 물놀이, 갑자기 깜깜해지고 폭풍우가 몰아치는 하늘, 번개가 치고 천둥이 내리치는 격정, 이윽고 대단원을 향해 가는 결말……. 음악, 그림 그리고 아이들의 세계와 물놀이를 하나의 이야기로 만들어 색다른 자극을 주기에 충분하다. 비발디의 〈사계〉에는 소네트(짧은 시)가 계절마다 곡의 시작과 내용을 간단히 설명하고 있다. 이수지 저자의 그림책에도 각 장의 시작에 짧은 글이 등장해 전체 이야기의 흐름을 한 번씩 환기시킨다.

아이들은 귀로 듣는 '여름'과 눈으로 보는 '여름'을 통해서 자신들의 감각으로 온전한 감상에 빠져든다. 감상을 강요받거나 느낌을 강요받지 않고 온전히 자신의 것으로 받아들일 때, 아이들에게 매우 귀중하고 오래 간직할 '감각'이 될 수 있다.

아이가 온전하게 감상하게 하라
...

아이들은 새로운 것을 좋아하는 것일까? 아니면 반대로 행동하는 것일까? 어느 때는 엄마의 당황하는 모습을 즐기는 건 아닐까 하는 생각도 한다. 아이들 마음은 알다가도 모를 일이니 말이다.

모든 것을 흡수하려고 준비하는 아이들에게 어른의 시각으로 사물을 규정하고 느낌을 판단해서 미리 결정된 감정을 불어넣지 말아야 한다.

아이들은 물감을 손에 묻혀서 찍기를 바라고, 엄마들은 붓으로 칠해주길 바란다. 종이도 아이들은 가위로 오리길 원하는데 엄마들은 손으로 그냥 찢어서 붙이길 원한다. 종이도 아이들은 거꾸로 두고 그리고 싶어 하는데 엄마들은 바로 놓고 그리길 원한다.

뭐가 되었든, 재촉하지 않길 바란다. 조금은 시간을 주고 기다려주면 어떨까? 아이들이 자신의 이야기를 하기 바란다. 엄마들이 할 수 있는 것과 아이들이 할 수 있는 것은 다르다. 아이가 스스로 할 수 있는 것을 찾고 새로운 기억으로 저장할 수 있는 준비의 시간이 필요하다.

앞에서도 말했듯 자신들의 감각으로 받아들일 때 온전하게 감상할 수 있다. 감상을 강요해서도, 감상을 가르치려 해서도 안 되는 이유가 여기에 있다. 똑같은 그림책을 읽고 똑같은 음악을 듣고 똑같은 영화를 봐도 각자 느끼는 감정과 해석은 제각각이다. 우리 모두가 개별적인 존재이기 때문이다. 경계하던 것으로부터 자유로운 마음으로 아이의 다양한 감정을 인정해야 한다. 아이는 자라는 중이다. 아이의 질문에 대신 대답하지 말고, 감상과 생각을 강요하지 말고 아이가 스스로 생각을 펼칠 수 있게 도와주는 것. 그것이 내 아이가 '읽고' '생각하고' '놀면서' 잘 클 수 있는 최적의 방법이다.

 북 큐레이션_ 글자 없는 그림책

《공원을 헤엄치는 붉은 물고기》(곤살로 모우레 글, 알리시아 바렐라 그림, 이순영 옮김, 북극곰, 2016)
《용감한 몰리》(브룩 보인턴-휴즈, 나는별, 2021)
《난독의 계절》(고정순, 길벗어린이, 2024)
《내 이름을 불러 주세요》(박소윤, 모든요일그림책, 2024)
《점점점》(아우야요, 책고래, 2022)
《만남》(백지원, 봄봄출판사, 2020)
《문》(이지현, 이야기꽃, 20217)
《나의 그늘》(조오, 웅진주니어, 2023)
《거리에 핀 꽃》(존아노 로슨 기획, 시드니 스미스 그림, 국민서관, 2015)
《곰과 새》(김용대, 길벗어린이, 2020)
《눈 토끼》(카미유 가로쉬, 책연어린이, 2022)

tip 활동 제안_ 내 아이의 감상력을 키우는 활동

아이의 감상력을 키울 수 있는 활동은 다양하다. 일상에서 가족과 보내는 나들이에서, 밥상머리에서, 친구들과 놀면서도 아이들은 늘 감각의 자극을 받으면서 큰다. 일상에서 어렵지 않게 실천할 수 있으니 아이의 특성과 성향, 가족의 생활방식에 따라 실천할 수 있는 활동 위주로 선택해서 하면 좋을 것이다.

1. **그림 일기 쓰기**: 그림 일기는 '쓰는' 행위에 거부감을 갖는 아이들을 위해 좋은 방법이 된다. 그림도 멋지게 그릴 필요 없다. 오늘 있었던 일 또는 특별히 기억하고 싶은 순간을 아이가 편한 방법으로 그리면 된다. 연필로 끄적여도 되고, 색연필이나 크레파스도 좋다. 이런 기록은 훗날 그 무엇과도 바꿀 수 없는 소중한 자산이 된다.

2. **예술 활동**: 이름은 거창하지만, 내용은 소박하게 채우면 된다. 그림 그리기, 연주하기, 운동하기도 다 큰 범주에서는 예술 활동에 포함된다. 친구들과 모여서 연극회를 개최해도 좋은데, 이때는 어른들이 도움을 주면 좋다.

3. **자연 속에서 시간 보내기**: 멀리 가지 않아도 좋다. 동네 뒷산에 올라가기, 동네 산책길(주로 천변을 끼고 조성된)을 걷기만 해도 자연을 느낄 수 있다. 큰 산이나 바다에 가지 않아도 나무가 있고 풀이 있고 꽃이 있다면 그곳이 자연이다. 어디든 스마트폰 속보다는 좋다.

4. **가족, 친구와의 대화**: 대화의 기본은 '경청'이다. 대화를 잘하는 사람은 상대의 말을 잘 듣는 데서 시작한다. 먼저 가족 간의 대화에서 서로 경청하는 기본 태도를 배우게 하자. 부모가 먼저 아이의 말을 잘 듣고 존중하는 태도를 보이면, 아이 역시 밖에

나가서도 그런 태도를 유지할 수 있게 된다.

5. 명상의 시간: 아이들이라도 얼마든지 명상의 시간을 가질 수 있다. 1~2분으로 시작해서 점차 시간을 늘려가면 좋다. 일주일에 1회 정도 시간을 정해서 가족이 다 함께 시작하는 것도 좋다.

6. 감정 카드 만들기: 기쁨, 분노, 슬픔, 기쁨 등의 감정이 적힌 카드를 만들어서 자기 기분을 표현하게 한다. 가족 간에 사용하는 것으로 시작해서 친구 사이로 확장해도 좋다.

7. 자주적 토론: '자주적'이라는 말은 외부의 간섭 없이 독립적이고 주체적이라는 의미다. 가족 간에 마찰이 생겼을 때 자주적 토론회를 열어보자. 모든 구성원이 동등한 발언권을 지니고 동등한 개최권을 가지면, 형제나 남매, 자매끼리 싸움이 있을 때 억울한(?) 당사자(주로 동생이 되거나, 평소 많이 지고 살았던 자녀가 해당된다)가 토론회를 개최할 수 있다.

8. 전시회, 음악 감상: 무료 전시회, 무료 음악 감상회를 찾아 아이들과 관람한다. 계절에 한 번씩, 그것이 익숙해지면 한 달에 한 번씩 감상하는 날을 정하면 특별한 외출이 되어 아이들도 매우 만족한다.

AI 시대, 내 아이가 세상을 건너는 튼튼한 다리, 책

AI가 우리에게 던져준 숙제

• • •

며칠 전 놀랍고 기쁜 소식이 속보로 전해졌다. 소설가 한강이 대한민국 최초로 노벨문학상을 수상했다는 소식이었다. 노벨 평화상 이후로 역대 두 번째 수상인 데다, 한국 문학 최초의 수상이라는 점에서 문단은 물론이고 많은 국민이 매우 기쁘고 가슴 벅찼던 며칠을 보내는 중이다.

노벨상은 다이너마이트를 발명한 알프레드 베른하르드 노벨(Alfred Bernhard Nobel)이 기부한 유산을 기금으로 노벨재단이 설립된 후 1910년부터 매년 인류의 복지에 공헌한 사람이나 단체에 수여되는 상이다. 문학, 화학, 물리학, 생리학 또는 의학, 평화, 경제학으로 총 6개 부문에 대해 이뤄진다. 특히 문학상은 우리나라가 오래전부터 바라고 염원했던 부문이라 한강 작가의 수상 소식이 더욱 기쁘게 받아들여졌다.

이번 노벨상에서 또 하나 주목할 것은, 노벨 물리학상 수상자로 존 홉필드(John Hopfield) 미국 프린스턴대학교 교수와 제프리 힌턴(Geoffrey Hinton) 캐나다 토론토대학교 교수가 공동 선정되었다는 점이다. 힌턴 교수는 21세기 'AI 머신러닝(기계학습)'의 아버지라고 불릴 만큼 AI의 개발과 발전에 크게 기여한 인물이다. 그가 기초를 마련한 머신러닝은 물리학과 인공지능 두 분야를 잇는 중요한 다리가 되었고, 이후 딥러닝의 발전에도 큰 영향을 미쳤다. 힌턴의 연구 덕분에 AI는 데이터를 통해 패턴을 학습하고, 이를 바탕으로 새로운 데이터를 분석할 수 있게 되었다. 현재 스마트폰의 얼굴 인식 기능 역시 그의 연구에서 비롯된 대표적인 사례다.

그러나 힌턴은 AI 기술의 발전과 그 잠재력을 높이 평가하는 사람들에게, "AI가 인간 사회를 지배할 수 있다"는 경고를 전하기도 했다. 그는 다이너마이트가 인류의 복지보다는 살상 무기로 더 활발히 사용된 사례를 들며, 현대 기술 도입의 이면과 그 위험성에 주목해야 한다고 강조한다.

이처럼 AI는 많은 사람의 우려와 걱정 속에서도 계속 발전을 거듭한다. 실제로도 AI는 물리학뿐 아니라 의학 등 다른 학문의 발전에도 크게 기여하고 있다. 결국 AI가 인류의 복지에 도움이 될지 여부는 우리가 어떤 선택과 결정에 따라 활용하느냐에 달려 있다. 우리의 일상에서 편리성을 더하고 있는 AI 기술은 인류에게 '윤리적 기준'과 '정의란 무엇인가'를 같이 고민하게 한다. AI 시대, 더욱 공정하고 확고한 기준과 원칙이 사용자와 개발자 모두에게 요구되어야 하는 이유가 여기에 있다. 나는 그런 점에서 우리에게 정작 필요한 것은 '인문 정신'이라고 감히 말하고 싶다.

독서 모임으로 시작하자
...

공정하고 확고한 기준과 원칙을 어디에서 배우고 학습하는 것이 좋을까? 모든 연령과 세대를 아우를 수 있는 방법으로 '소규모 독서 모임'을 제안하고 싶다. 이는 디지털 세계로 진입한 우리 사회 구성원들이 큰 저항 없이 시작할 수 있는 활동이 될 수 있다. 또한 AI와 로봇의 등장으로 조직의 의사결정 단계에서 편견 없이 소통하고 신뢰할 수 있는 방식의 변화가 일고 있다. 격변의 시대에 고전적 독서모임은 조직원의 성장을 돕고 자율적인 창의 조직 형태를 갖추기 위한 좋은 방편이 되어줄 것이다.

비대면 시대, 핵개인 시대, 개개인이 더 중시되는 시대에서 우리 삶은 오히려 주변 사람들과 원활한 관계와 친밀감이 더 강조되는 현실을 보게 된다. 회사나 공공기관 같은 사회 조직에서도 사람들과 원활히 의사소통하고 연대하며 감정적 공감 능력이 뛰어난 사람을 새로운 인재상으로 꼽고 있다. 그런가 하면 챗GPT와 AI를 효율적으로 활용하기 위해서는 얼마나 창의적이고 정확한 질문을 하느냐가 관건이다. 똑같은 기술도 활용하는 사람의 능력에 따라 다른 결괏값이 나오기 때문이다. 당연히 창의성과 인문성이 뛰어난 사람이 첨단 과학기술의 활용도도 뛰어날 수밖에 없다. 책은 이것이 모두 가능한 '무기'가 되어준다.

AI가 할 수 없는 일을 하자
...

나는 수년간 도서관 독서 모임과 일일 필사 모임에 참여하고 있다. 독서 모임의 첫날은 각자 추천할 책을 생각하고 만난다. 앞으로 10권의 책을 함께 읽어나갈 10명이 모여 인사를 나눈다. 정해진 책 한 권을 2주 동안 열심히 읽으며 필사도 하고, 어떤 이야기를 나눌지 미리 생각해본다. 책을 읽다 보면 이해가 부족하거나 궁금한 부분이 생기는데, 그런 질문들을 메모해두었다가 다음 모임에서 사람들에게 묻고 함께 이야기를 나누는 일이 내게는 독서 모임의 가장 큰 매력이다. 나는 2주 동안 책을 읽으며 종종 생각에 잠긴다. 다른 사람들은 과연 같은 책을 어디에서,

어떤 모습으로, 무슨 생각을 하며 읽고 있을까?

한 권씩 책을 읽고 발제하고 토론하며 의견을 나누는 독서 모임에서 참여자는 매번 달라도 주제는 늘 같다. 또 책과 주제는 같지만, 생각은 사람마다 다른 점이 아주 큰 매력이다. 내가 미처 보지 못한 것을 다른 이들은 보고, 나 역시 혼자였다면 절대 알지 못했을 지식을 얻게 된다. 그래서 혼자 책을 읽는 것보다 독서 모임에서 사람들과 소통하고 생각을 나누며 함께 읽는 과정이 훨씬 더 소중하게 느껴진다. 이처럼 사람과의 관계를 중요하게 여기고, 어울리며 의미를 만들어가는 것이 바로 관계 지향적 소통이다.

관계 지향적 소통은 서로 다른 방식으로 각자의 상황을 경험하면서, 타인의 방식에서 배우고 서로에게 힘이 되어주는 것이다. 이러한 과정은 아무리 과학기술이 발달하고 AI가 정교해진다 해도, 결코 대신할 수 없는 인간만의 고유한 능력이다.

육각형 인재

...

AI 기술의 발전은 인간관계와 사회 전반에 긍정적인 영향을 미치는 동시에, 사람 간 소통과 사회적 상호작용의 새로운 형태를 만들어내고 있다. 그러나 이러한 변화 속에서 인간 고유의 감정과 윤리적 문제는 더욱 부각되고 있다.

앞에서 강조했듯 현대 사회에서는 한 분야의 전문가도 중요하지만 요즘은 인문학, 과학지식, 상상력과 함께 인성까지 겸비한 창의 융합형 인재를 기대한다. 과거에는 이른바 '팔방미인'이 이상적인 인재상으로 여겨졌다면, 현대 사회는 '육각형 인재'를 요구한다. 여기서 말하는 '육각형 인재'란, 2024년 트렌드 키워드에서 언급된 '외모, 학력, 집안, 자산, 성격, 직업' 등 여섯 가지 조건을 모두 갖춘 사람을 뜻하는 것이 아니다. 내가 말하는 '육각형 인재'는 중·고등학교에서 아이들을 대상으로 실시하는 다면적 진로 탐색 검사에 나오는 융합형 인재를 의미한다.

이 검사는 진로 심리학자 존 홀랜드(John L. Holland) 박사가 개발한 것으로, 진로 발달과 직업 흥미를 진단하기 위한 도구다. 그의 직업 성격 이론에 따르면, 인간은 다음 여섯 가지 성격 유형 중 하나 또는 여러 유형에 해당하며, 이들로 이루어진 육각형 구조는 각 개인의 성향을 시각적으로 보여준다. 이 유형은 '실재형(Realistic), 탐구형(Investigative), 예술형(Artistic), 사회형(Social), 기업형(Enterprising), 관습형(Conventional)'으로 구성되며, 검사 결과에 따라 아이들의 육각형은 특정 영역이 튀어나오거나 들어가는 식으로 기울어진다. 한두 분야에 높은 흥미도를 보이면 불균형한 육각형이, 모든 분야에 고르게 관심이 있다면 정육각형에 가까운 형태가 나타난다.

대부분의 검사 결과에서는 한쪽이 강조된, 기울어진 육각형의 모습이 더 자주 나타난다. 이는 그만큼 아이들마다 개성과 특성이 다르다는 것을 보여준다. 정육각형이든 찌그러진 육각형이든 어느 쪽이 더 좋다거나 나쁘다고 단정할 수는 없다. 하지만 우리 사회는 여전히 정육각형에 가까운, 모든 영역에서 균형 잡힌 인재를 선호하는 경향이 있는 듯하다.

우리 아이들을 21세기 사회가 강조하는 창의 융합형 인재로 잘 키우기 위해서는, 다양한 분야에 관심을 가지고 폭넓은 지식을 쌓는 것이 중요하다. 어느 한쪽 각이 강조되어도 괜찮다. 중요한 것은 육각형을 향한 고른 관심을 잃지 않도록 돕는 일이다. 아이들이 다양한 지식을 고르게 접하고 한 문제를 다각적이고 다면적인 방법으로 사고할 수 있도록 이끄는 유일하고 가장 빠른 방법은 바로 독서다. 독서로 얻을 수 있는 감정적·정서적 안정은 AI가 제공하는 데이터와는 성질이 다르다. AI와의 관계를 잘 조율하며, 인간 고유의 사고력과 인과적 통찰력을 키울 수 있는 힘, AI 시대를 이겨내고 견디는 힘. 중심에는 독서가 있다. 독서는, 그래서 힘이 세다!

2장

자존감과 독립심은 단짝이다

괜찮아, 다 괜찮아:
《아름다운 실수》

실수하는 것은 당연해

4~6세 아이들이 독서 미술 수업을 할 때 힘들어하는 점은 원하는 것을 제대로 표현해내지 못할 때다. 표현의 힘이 아직은 부족한 아이들이 실수하는 것은 너무나 당연한 일인데 그럴 때마다 속상해하는 모습을 보면 안쓰럽다. 괜찮다고 말해줘도 어떤 아이는 계속 새로운 종이에 다시 그리고 싶어 하고, 자신의 생각대로 되지 않으면 결국에는 울음을 터뜨리면서 수업 시간 내내 눈물을 보이는 경우가 있다. 글씨를 못 써서 속상한 친구, 그림의 색을 잘못 선택해서 속상한 친구, 선 하나를 잘못 그어서 망쳤다고 더 이상 진도를 나가지 못하는 친구도 있다.

속상해하는 아이들을 볼 때마다 나는 괜찮으니 다시 하자고 말하거나 충분히 고칠 수 있다고 설명해주지만 이미 실수해서 망쳤다고 생각한 아이들은 잘못된 것은 고칠 수 없다며 미리 포기하는 경우가 많다. 아주 드물게, 고쳐보려고 이런저런 궁리를 하며 애쓰는 친구도 있지만 대부분은 다시 시작하기를 힘들어한다.

아이들이 이렇게 쉽게 포기하는 이유를 생각해봤다. 수정해도 처음처럼 잘할 수는 없다고 생각하는 게 아닐까? '실수'는 말 그대로 '잘못된 부분'일 뿐인데 아직 시작하지 않은 전부를 포기하는 것이 안타깝다. 실수하는 것은 당연하다고, 선생님인 나도 자주 실수한다고 말해주지만 실수를 두려워하는 아이들의 마음을 되돌리기 힘들 때가 많다.

실수는 시작이기도 해요
...

실수를 두려워하는 아이들을 위해 내가 꺼내 드는 책이 있다. 실수하는 과정을 통해 더 멋진 결과를 보여주는 코리나 루켄의 그림책 《아름다운 실수》(김세실 옮김, 나는별, 2018)다. 그림책의 이야기는 사람 얼굴을 그리다가 한쪽 눈을 커다랗게 찍어버린 데에서 시작된다. 그런데 왼쪽 눈의 크기를 오른쪽 눈과 맞추려다 또다시 왼쪽 눈이 처음보다 더 커지는 사태가 벌어진다. 아, 이 엄청난 짝짝이 눈이라니! 그래서 동그란 안경을 씌워준다. 책은 그렇게 실수가 새로운 시도와 생각으로 이어지는 과정을 흥미롭게 보여준다.

마침내 너무나도 멋진 그림이 완성되는 순간, 아이들은 실수란 실패가 아니라 또 다른 세계와 만나는 일임을 알게 된다. "이것도 실수이기는 해요" 하지만 "실수는 시작이기도 해요"라는 멋진 작가의 말을 알게 되는 순간이다(이 책의 면지에는 실수로 떨어뜨린 물감이 종이에 번진 모양이 그려져 있다. 나는 이것이 실수가 새로운 생각으로 뻗어나갈 수 있음을 이야기히는 작가의 '힌트'라고 생각한다).

《아름다운 실수》는 그림책의 화자가 실수를 통해 아름다운 결과물을 만나는 과정을 여백이 잘 어우러진 그림과 간결한 글로 섬세하게 전달한다. 주인공은 실수에 매달리며 과거에 머무르는 대신 그것을 어떻게 고쳐나갈지를 생각한다. 잘못된 흔적을 지우기보다는 새로운 그림으로 전환하여 또 다른 이야기를 구성하고, 그렇게 하나의 작품을 완성해간다. 하나의 점은 실수가 아니었고 새로운 시작이라는 희망, 그 희망으로 우리에게 위로의 메시지를 전한다.

점점이 묻어 있는 잉크 얼룩들은 하늘로 흩어지는 나뭇잎처럼 보인다.

"보이나요? 이런저런 실수들이 아이를 어떻게 바꾸었는지 말이에요."

실수로 아이의 신발과 땅 사이가 너무 떨어져 있으니, 롤러스케이트를 신기고는 드디어 이렇게 말한다. "이것(그림)도 실수이기는 해요." (그러나) "이 생각은 실수가 아니에요"라고 말이다. 실수조차도 가장 위대한 아이디어의 원천이 될 수 있음을 보여주며 결국 우리의 삶도 계속된 실수와 수정을 통해 완성해나가고 있는 작품이라고 얘기하는 것 같다.

이 그림책은 '당연히' 실수가 많을 수밖에 없는 아이들, 그리고 완벽하려고 씨름하는 아이뿐 아니라 완벽주의 성향을 가진 모두에게 보여준다. 실수를 숨길 필요가 없으며, 실수는 두려움의 대상이 아니라 새로운 도전의 시작이라고. 진짜 중요한 것은 실수가 아니라 실수에서 건져 올리는 새로운 '생각'이라고.

실수, 좌절하면서 성장하고 배우는 것들
...

누군가 나에게 사계절 중 어느 계절을 가장 좋아하느냐고 묻는다면 조금 망설이면서 바로 답을 못 하는데, 가장 싫어하는 계절이 언제냐고 물으면 난 바로 겨울이라고 답한다. 추위를 많이 타는 체질 때문이기도 하지만, 아이를 키우는 동안 감기로 병원을 자주 찾았던 경험 때문에 더욱 그랬다. 아이들이 자라 면역력이 생기면서 병원에 가는 일은 줄어들었지만, 그만큼 겨울을 싫어하게 된 또 다른 이유가 생겼다. 바로 대학수학능력시험! 열아홉에 치르는 수능을 시작으로, 크고 작은 시험들이 이어지며 겨울은 내게 몸뿐 아니라 마음까지 시리는 계절이 되었다.

기온도 그 시기가 되면 유독 떨어져 더 추워진다. 따뜻한 음식을 전해주지 못하는 엄마의 마음을 보온 도시락으로 대신하고, 한 번이라도 더 잡아주고 싶은 손의 온기는 핫팩이 대신한다. 온전히 아이가 감당해야 할 하루인 것이다. 하루 종일 기다리고 기다려도 끝이 나지 않는 시험시간이 아이에겐 얼마나 큰 부담일까. 끝나도 끝난 게 아니고, 아이들은 실수를 아쉬워하고 실패를 두려워하면서 좌절하는 모습을 보이기도 한다. 그러면서도 희망을 가지고 기다리는 결과. 그 결과를 기다리는 시간은 끝도 없이 계속된다. 우리 아이들이 무엇인가를 이처럼 오래도록 간절하게 바라고 기다렸던 일이 있었을까?

좋은 결과로 웃을 수도 있겠지만 대부분 허탈한 마음을 느끼는 게 보통일 것이다. 허전한 마음을 채워주고 싶은 부모의 마음을 아이에게 어떻게 전달할 수 있을까? 기다림의 시간을 지나고 있는 모든 아이에게 그 하루의 시험이 전부가 아님을 꼭 얘기해주고 싶다. 기다리고 지켜보고 다독여줄 수밖에 없는 부모님들에게도 기다림의 시간이 너무 힘들지 않기를 바란다. 아무것도 대신해줄 수 없는 마음에 무능한 부모가 된 것 같아 무거운 마음도 든다. 하지만 그런 순간들이야말로 아이가 성장하는 데 꼭 필요한 밑거름이 된다. 좋은 결과로 이어져 성장의 시간이 될 수도 있지만, 실수로 인해 기대에 못 미쳤다면 그것 또한 새로운 기회를 향한 또 하나의 길이 열린 것이다. 실패의 경험에서 빠르게 회복할 수 있는 단단한 마음이 자라나길 바란다.

회복탄력성은 마음의 근력
...

실수란 무엇이든 행동했을 때 다시 시도할 수 있다. 그리고 도전했을 때 발생되는 일이다. 그 반대의 말은 무엇일까? '아무것도 하지 않는 것'이다. 우리가 실수를 했다는 것은 목표하는 지점을 향해 조금이라도 도전을 시도했다는 것이다. 아무것도 하지 않는 것보다 무엇이든 시도하고 도전하면서 실수를 하는 것이 훨씬 아이들을 성장시킬 수 있는 길이다. 하지만 대부분의 아이들이 실패가 두려워 시도하지 않거나 때론 부모님이 아이들이 실패했을 때 받을 충격을 미리 걱정해서 도전하기를 권하지 않는 경우도 있다.

실패는 성공의 어머니라는 말처럼 실수는 새로운 도전의 기회다. 실패가 두려워 아무것도 하지 않는 마음보다는 실패하더라도 도전하는 과정에서 빠르게 성장한다.

내가 부러워하는 성격 중 하나가 회복탄력성이 높은 친구다.

회복탄력성이란 글자 그대로 '회복할 수 있는 탄력성'을 말한다. 탄력성이 좋으면 그만큼 제자리로 돌아오는 시간이 빠르고 원본의 훼손도 적다. 100미터 달리기를 하면서 온몸의 근육을 쓰고 나면 다음 날 근육통이 생긴다. 평소 근육을 잘 썼던 사람은 빨리 회복될 것이고, 운동을 안 하던 사람은 몇 날 며칠 근육이 회복될 때까지 긴 시간이 걸린다. 마음의 근력도 마찬가지다. 좌절을 겪었을 때 다시 일어서기까지 사람마다 시간도 다르고 회복 능력도 다르다. 우리가 아이들을 키울 때 정말 키워주고 싶은 능력이 있다면 '회복탄력성', 마음의 단단한 근육이 아닐까.

우리 아이들이 실수를 스스로의 잘못으로 생각하고 있을 때 "괜찮아"라고 얘기해주자. "괜찮아 다 괜찮아", "그랬구나" 한마디면 충분하다. 부끄럽고 속상한 마음을 내실 있게 채우면서 재도전하도록 격려해주면 된다. 회복할 수 있는 마음의 근력을 키워주는 것이 중요하다. 지금 모든 것에 최선을 다하고 있는 모든 이들에게 격려와 위로의 마음으로 어깨를 두드려주고 싶다.

 **북 큐레이션_ 실수해도 괜찮다고 다독여주는 그림책**

《문제가 생겼어요》(이보나 흐미엘레프스카, 이지원 옮김, 논장, 2015)

《가만히 들어주었어》(코리 도어펠드, 신혜은 옮김, 북뱅크, 2021)

《기막힌 실수! — 세상을 바꾼 놀라운 발명》(솔레다드 로메로 마리뇨 글, 몬세 갈바니 그림, 윤영 옮김, 크레용하우스, 2023)

《해보까 할아버지》(허미경, 피서산장, 2024)

《실수의 다른 이름은》(박정현 글, 류주영 그림, 키즈스콜레, 2022)

《어떡하지?》(팽샛별, 그림책공작소, 2017)

《어떡하지?》(앤서니 브라운, 홍연미 옮김, 웅진주니어, 2013)

《틀려도 괜찮아》(마키타 신지 글, 하세가와 토모코 그림, 유문조 옮김, 토토북, 2018)

《실수해도 괜찮아》(기슬렌 뒬리에 글, 베랑제르 들라포르트 그림, 정순 옮김, 나무말미, 2021)

《절대로 실수하지 않는 아이》(마크 펫·게리 루빈스타인 글, 마크 펫 그림, 노경실 옮김, 두레아이들, 2014)

달라도 큰일 나지 않아:
《어느 날 아무 이유도 없이》

모든 일에는 이유가 있으니… 도서관 바코드에도 빨간 공에도…

다비드 칼리가 쓰고 모니카 바렝고가 그린 이야기책 《어느 날 아무 이유도 없이》(유영미 옮김, 책빛, 2017)를 처음 도서관에서 발견했을 때, 나는 주인공 나다 씨 손에 빨간 공이 들려 있다는 사실을 알지 못했다. 표지를 넘기면 나오는 면지에 빨간 점들이 가득 박힌 것을 보고도 이것이 표지에 나왔던 빨간 공을 작가가 표현한 것이라는 사실도 당연히 눈치채지 못했다. 이 사실을 나중에 알게 되었는데, 내가 빨간 공을 보지 못한 이유는 공이 그려진 위치에 대출, 반납을 위한 바코드가 붙어 있었기 때문이었다. 책 관리를 위한 바코드 부착은 필수지만 책 내용을 방해하지 않게 붙이는 섬세함을 발휘했더라면 얼마나 좋았을까? 아쉬움이 컸기에 처음엔 도서관에 이 일을 말해볼까 하는 생각도 잠시 했다. 그러나 책을 다 읽고 나자 책의 빨간 공을 표지에서 볼 수 없었던 것도 '다 이유가 있겠지'라고 생각하는 나 자신을 발견하게 되었다. 나다 씨가 이유를 찾았듯이 나 역시 이유를 찾을 수 있을 테니까.

책을 처음 넘겨서 만나는 그림책의 면지는 책의 이야기를 함축적으로 표현하는 경우가 많다. 책에 따라 면지를 단 한 개의 색깔로 채우기도 하고 작가가 의도한 그림으로 채우기도 한다. 그림책에서 면지란, 마치 영화나 드라마가 완성되기 전에 흥미를 유발하기 위해 공개되는 티저(teaser)와 같다. 예고편의 작은 예고편이라고 할까?

면지에 있는 빨간 공이 어디로 가고 있는지 따라가 보는 것도 재미있다. 빨간 공이 제일 처음 우리 시선에 와 닿도록 그림을 그린 것도 분명 이유가 있을 테니 말이다.

부부로 오해받을 정도로 조화를 이룬 두 작가의 작품 세계
· · ·

다비드 칼리와 모니카 바렌고는 《어느 날 아무 이유도 없이》 말고도 《작가》(엄혜숙 옮김, 나무말미, 2020), 《사랑의 모양》(정원정·박서영 옮김, 오후의소묘, 2022)도 같이 썼다. 두 사람을 부부라고 생각하는 사람도 많은데 그렇지 않다. 부부라고까지 생각하는 사람들이 있다는 건 둘의 그림과 글이 너무나 조화롭고 다정하게 잘 어울려서가 아닐까. 실제 이들의 작품을 보면 둘의 정서적 교감이 너무나 섬세하고 가깝게 느껴져 이런 오해가 저절로 이해되기도 한다.

아이들에게 책을 읽어줄 때 제목 다음으로 그림을 그린 모니카 바렌고의 이야기를 들려준다.

이탈리아 출신의 일러스트레이터인 바렌고는 주로 부드러운 파스텔톤이나 따뜻한 색조를 사용하여 그림을 그린다. 그렇기에 전반적으로 부드럽고 차분한 느낌을 주며 고요하고 평화로운 분위기를 풍긴다. 바렌고의 그림에는 다양한 색깔이 쓰이지 않는 특징도 있다. 다양한 색 대신 항상 세피아(오징어의 먹물에서 뽑은 불변색의 암갈색 물감)를 사용하고, 인물의 표정이나 배경의 작은 요소까지도 신중하게 묘사한다.

물론 다비드 칼리도 그에 못지않게 멋진 작가다. 특히 《나는 기다립니다》(세르주 블로크 그림, 안수연 옮김, 문학동네, 2007)에서 칼리는 '기다림'의 아름다운 본질을 매우 정확하고 아름답게 표현했다.

이렇듯 두 작가의 이야기를 하면서 아이들에게 질문한다. 만약 너희들이 세 가지 색만으로 그림을 그려야 한다면 어떤 색으로 그리고 싶냐고. 전체를 이루는 색인 주색과 강조하는 색인 보조색 그리고 배경이나 글씨에 쓰이는 흑백색을 선택해보라고 한다.

《어느 날 아무 이유도 없이》에서 주색으로 쓰인 갈색 톤의 그림이 부드럽고 따뜻한 느낌을 주는 가운데, 흰색 날개의 등장이 그 규칙을 깬다. 보조색으로 선택한 빨간 공은 어디로 굴러갈지 모르는 우리의 삶을 자유분방하게 그려낸다. 이후에도 바렌고는 빨간 시계, 빨간 멜빵, 빨간 의자, 빨간 구두 등으로 반복해서 보조색을 보여줌으로써 화면에 변화를 주고 있다.

다비드 칼리와 모니카 바렌고의 합작품은 그림책이라는 장르가 보여줄 수 있는 아름다움을 독자에게 선물한다. 아이들뿐 아니라 어른들에게도 마음의 평화와 안정을 줄 수 있는 책으로 사랑받는 이유가 여기에 있다.

달라도 괜찮아, 나는 나니까
...

《어느 날 아무 이유도 없이》는 어느 날 아침, '아무 이유도 없이' 주인공 나다 씨의 등에 날개가 돋아나는 것으로 시작한다. 나다 씨는 친구에게 전화를 걸어 그 이유를 묻고, 병원에도 가고, 어머니에게도 알린다.

사람들은 저마다 자신의 기준으로 해결책을 제시한다. 친구는 나쁜 공기 탓을 하고 철물점 주인은 날개를 잘라주겠다고 하며, 심지어 사장은 나다 씨의 날개를 보고 호통을 치며 회사에서 쫓아낸다. 다른 사람들이 편견을 가지고 얘기할 때 나다 씨 역시 자신의 날개를 제대로 알고 싶어 하지 않았다. 우리 각자가 가지고 있는 어려움에 대해 사람들은 제각각 서로 다른 반응을 보이지만 대부분 긍정적인 의견은 아닐 것이다. 각자의 안경을 끼고 세상을 바라보는 것과 같다.

그러다 "모든 일에는 이유가 있으니, 날개가 생긴 것도 분명 이유가 있을 것"이라고 말해주는 사람, 날개가 멋지다고 말해주는 사람을 만난다. 넥타이 가게 아저씨가 날개에 어울리는 멋진 넥타이를 골라주고, 풍선을 매달고 가던 아저씨는 "여봐요, 당신은 아주 멋진 날개를 가졌군요"라고 외치며 환한 미소를 지어준다. 이 외침에 나다 씨는 자신의 날개를 새롭게 바라본다. 멋진 날개에 어울리는 넥타이와 풍선까지 들고 공원으로 나선 나다 씨는 용기를 얻고 다름을 받아들인다.

나다 씨는 그제야 무지갯빛으로 반짝이는 날개를 처음으로 아름답게 바라본다. 그 순간 나다 씨와 똑같은 날개가 돋은 아가씨를 마주한다. 자신을 있는 그대로 인정하고 아름답다고 느낄 때, 비로소 진정한 나와 마주하고 나의 아름다움을 바라봐 주는 사람을 만나게 된 것일까? 나다 씨는 비로소 자유로운 날갯짓으로 날아갈 수 있는 날개의 본질을 깨닫고 기쁨도 얻는다. 날개와 빨간 공으로 생각과 감정이 연결되는 순간이다.

다름은 두려워하거나 숨어 있어야 하는 이유가 아니다. 나다 씨가 자신의 한 부분을 인정하게 되었을 때 앞으로 나아갈 수 있었던 것처럼, 자신을 있는 그대로 받아들이고 나서야 비로소 날개가 돋았던 이유를 알게 된다(자신과 꼭 닮은 여성을 만나 운명 같은 사랑을 하기 위해서가 아니었을까). 삶은, 인생은 내가 스스로 만족하고 내 힘으로 나아가는 것이 중요하다는 것을 작가는 말하고 싶었으리라.

모든 일에는 반드시 이유가 있다
· · ·

'어느 날 아무 이유도 없이'라는 제목과 달리 작가는 모든 일에는 반드시 이유가 있기 마련이라고 책을 통해 말한다. 제목에 쓴 '이유'라는 단어만으로도 아이들의 호기심을 자극하기에 충분하다. 무슨 내용이 펼쳐질지 도무지 짐작할 수 없는 알쏭달쏭한 제목이, 오히려 아이들의 호기심에 불을 지핀다. 그래서 책을 읽는 내내 결론이나 결과에 이르는 까닭을 찾고자 하는 아이들의 집중력은 꽤 오래 간다.

'날개'는 아이들에게 매우 신비로운 도구다. 날개가 가리키는 희망이나 상상의 이야기가 끝없이 이어진다. 정말로 날개가 생긴다면 어떤 일이 생길지, 누구에게 제일 먼저 얘기할 것인지, 남들과 다른 모습일 때 나는 어떻게 행동할 것인지, 친구나 가족이 나와 다른 모습이라면 어떻게 해야 다 같이 행복할 수 있는지 등 무궁무진한 이야깃거리가 펼쳐진다.

살다 보면, 사회의 고정관념이 아이들의 개성과 다양한 가능성을 외면하는 것은 아닐까 생각될 때가 많다. 무엇보다 중요한 건, 우리 아이가 일반적인 기준과는 조금 다르다는 이유로 무턱대고 좌절하는 순간이다. 세상에 '일반적인 기준'이란 없다. 부모의 역할은 눈에 보이지 않는 고정관념이나 편견이 만든 사이의 틈을 좁혀주고 내 아이의 가능성을 발견하는 일이다. 그것이 바로 양육자의 역할이다. 편견 없는 시선으로 평범함 가운데 특별한 내가 되는 길을 찾도록 도와줘야 한다. 남들과는 조금 다를지라도 내 길을 갈 수 있는 마음의 중심을 잡아줘야 한다.

"아무리 특이하고 별난 사람이라 하더라도, 세상에는 각자의 자리가 있고, 누군가 너를 사랑하는 사람도 있는 법이란다"라고 작가가 말한 이유가 여기에 있다.

다비드 칼리는 무척 행복한 순간에도 약간의 슬픔이 있고, 슬픈 순간에도 유머를 찾아낼 수 있다고 말한다. 그래서 이 두 가지 요소를 함께 섞어서 글을 쓴다고 했다. 그의 말처럼 나 역시 감정이 들뜨거나 마음이 어지러울 때, 다비드 칼리와 모니카 바렌고의 작품을 펼쳐 읽는다. 글과 함께 천천히 그림을 보면 마음이 가라앉으면서 마음에 평화가 오는 길이 보인다. 아이들은 물론이고 모든 어른에게도 어지러운 마음을 다스릴 때 꼭 들춰보라고 추천하고 싶다.

 북 큐레이션_ 내가 달라 보여 마음이 어지러울 때 같이 읽어요

《왼손도 괜찮아》(마리아 테레지아 뢰슬러 글, 브루넬라 발디 그림, 김서정 옮김, 봄볕, 2017)

《파란 아이 이안》(이소영, 시공주니어, 2017)

《꼬옥 안아줄게》(제드 애덤슨, 손시진 옮김, 에듀앤테크, 2020)

《여름잠 자는 다람이》(이지은 글, 박월선 그림, 프로방스, 2021)

《티나의 양말》(홍수영, 한솔수북, 2019)

《귀 이야기》(공은지, 템북, 2024)

정치적으로 올바르게 올바르게:
《메리는 입고 싶은 옷을 입어요》

나는 남들의 시선에서 얼마나 자유로울까?
...

얼마 전 TV에 한 남자 연예인이 치마를 입고 나온 모습을 보았다. 난 바로 "남자가 치마를 입었네?"라는 질문을 던졌다가 우리 아이한테 핀잔을 듣고 말았다. 아이는 내 생각이 편견이라면서, 이는 내가 평소에 고정관념에 사로잡혀 있기 때문이라고 했다. 십 대가 된 아이에게서 그런 말을 듣고 있자니 무언가에 머리를 맞은 듯 정신이 번쩍 들었다. 정말로 시대가 변하는 만큼 내 생각이 흘러가지 못하고 어느 한 곳에 멈춰 있었구나 하는 생각이 먼저 들었고, 어쩌면 내 생각을 고정한 채 정답을 정해놓고, 기준에서 벗어나지 않으려고 한 건 아니었을까 하는 생각마저 들었다.

이런 생각을 하다 보니, 중요한 결정을 하고 행동하려 할 때 내가 사람들의 시선을 두려워하고 있다는 자각이 들었다. 나는 과연 남들의 시선에서 얼마나 자유롭게 살고 있나 하는 의문도 이어졌다. 내 옷장 안에는 유행이 지나서 안 입는 옷이 있다. 그 옷을 나는 안 입는 것일까, 못 입는 것일까? 내 연령대에 안 어울리는 디자인이라 생각해 차마 입지 못하는 옷들도 있다. 둘 다 다른 사람들의 시선을 의식해서 입지 못하는 경우다. 반대로 어떤 날은 불편함을 감수하고도 장소에 맞는 옷차림을 해야 한다며 평소에 입지 않던 옷을 입고 외출하는 경우도 있다. 이동하는 내내 불편하고 부자연스러워 입은 옷을 후회하다가도 사람들의 예쁘다는 칭찬을 위안 삼으며 집으로 돌아오곤 한다. 아이의 말에서 촉발된 의식의 흐름이 내가 입고 싶은 '옷차림'에 이르자 생각이 여러 갈래로 퍼져나가기 시작했다. 그리고 한 줄의 질문으로 이어졌다.

'나는 과연 누구를 위한 옷을 입고 있을까?'

남자 옷이 아니에요. 나는 내 옷을 입었을 뿐이라고요!
· · ·

내가 스스로 나다운 사람이 되기로 결정할 때 아름다움이 시작된다고 말한 사람이 있다. 바로 1920년대에 가방, 신발, 향수 등 다양한 제품으로 전 세계인의 사랑을 받은 코코 샤넬이 그 주인공이다. 코코 샤넬은 여자가 바지를 입는 것이 '전혀' 일반적이지 않은 시대에 여성용 바지를 대중화시키는 데 큰 역할을 했다. 전통적인 관습에 도전하여 자유로운 디자인을 강조한 것이다.

그보다 훨씬 전인 150년 전쯤에, 여자가 바지를 입는다는 것은 상상할 수도 없던 시절에 먼저 바지를 입었던 사람이 있다. 《메리는 입고 싶은 옷을 입어요》(키스 네글리, 노지양 옮김, 원더박스, 2019)의 주인공인 사회 운동가 메리 에드워즈 워커다. 이 그림책은 메리가 처음 바지를 입던 날의 이야기를 사실적으로 담고 있다.

어느 날 메리는 남자아이들이 편하게 뛰고 뒹구는 모습을 보고 답답하고 불편한 드레스를 입고 있는 자신을 생각한다. 덥고 무겁고 답답하고 숨쉬기조차 힘든 불편한 드레스를 입고 있는 소녀를 말이다. '달라져야 한다'는 생각은 아무도 안 했다. 예전부터 그랬으니 앞으로도 계속 그럴 것이라고 사람들은 말했다. 하지만 메리만은 달랐다. 세상 모든 사람들이 '그렇다'고 받아들이고 있을 때 '달라져야 한다'고 생각했기 때문이다. 깜찍하고 기발한 계획도 떠올렸다. 메리는 곧장 그 계획을 행동에 옮겼다! 신나게 바지를 입고 외출한 메리. 그러나 모두가 메리 옷을 좋아한 것은 아니었다.

"감히 바지를 입다니. 후회하게 될 거야, 메리 워커!"

사람들은 메리를 비난했다. 풀이 죽어 집에 돌아온 메리는 아빠에게 다시 예전처럼 치마를 입어야 하냐고 물었다. 그러나 메리의 아빠 역시 남달랐다.

"아니, 그렇다는 얘기는 아니야."

이유를 묻는 메리에게 아빠는 이런 이야기도 해준다.

"여자애가 바지 입고 노는 모습을 한 번도 못 봐서 그래, 자기가 이해 못 하는 건 이상하다고 생각하는 사람들이 있거든."

어떻게 할지 고민하던 메리는 자기 맘에 쏙드는 바지를 입고 집을 나선다. 아빠는 손을 흔들며 배웅해주지만, 바지 입은 메리를 다른 어른들은 막아서며 '남자 옷을 입었으니 학교에 들어가지 말라'고 한다. 그러자 메리는 당당하게 소리친다.

"남자애 옷이 아니에요. 나는 내 옷을 입었을 뿐이라고요."

학교로 들어간 메리는 교실에서도 똑같은 일이 벌어질까 봐 걱정한다. 그런데 여기저기 눈에 띄는, 바지를 입고 온 소녀들! 교실은 더 이상 예전과 똑같지 않았다. 그래서 메리도, 친구들도 다시는 예전으로 돌아가지 않을 수 있었다.

세상 모두가 '그렇다'고 받아들일 때 '다르다'고 나서는 용기
...

책의 주인공 메리 에드워즈 워커는 여성이 바지를 입는다는 생각을 하지 못한 시대에 바지를 입은 최초의 여성 가운데 한 명이다. 어른이 되어서도 바지를 입었다는 이유로 여러 차례 경찰서에 잡혀가기도 했는데, 그녀는 그때마다 "나는 남자 옷을 입지 않았습니다. 내 옷을 입었을 뿐입니다!"라고 말했다.

메리의 용기는 바지를 입은 것만이 아니다. 메리는 대부분의 사람들이 여성은 절대로 의사가 될 수 없다고 여기던 시절에 당당히 의사가 되었고, 남북전쟁이 일어나자 북부 연합군에 지원하여 군의관으로 활약했다. 당시엔 군의관 또한 여성은 할 수 없는 일이었다. 그 뒤 1865년 닥터 메리 워커는 미국에서 가장 등급이 높은 무공 훈장인 명예훈장을 받았고, 이 메달을 평생 옷에 달고 다녔다고 한다. 이 책이 출간된 2019년까지 미국 역사상 명예훈장을 받은 여성은 메리가 유일하다.

교사이자 외과 의사, 전쟁영웅이자 작가이며 시대 관습에 저항한 사회 운동가였던 메리 에드워즈 워커. 그녀가 위대한 이유는 세상 모두가 불평등과 불합리를 관행처럼 받아들일 때 신념을 가지고 앞에 나선 용기 있는 사람이기 때문이다. 사람들은 대부분 불편하고 부당하다고 느껴도 그에 순응하는 길을 택한다. 그 길이 안전하고 편안하기 때문이다. 반면 개척하는 사람은 고단함과 고난의 길을 마다하지 않는다. 그리고 선구자가 맺은 선행의 결실은 많은 사람들에게 혜택으로 돌아온다. 메리 워커의 진정한 위대함은 바로 여기에 있다.

변화에 도전하자
...

나는 이 책에서 메리와 메리 아빠가 나누었던 고민의 밤 장면이 정말 마음에 든다. 그날, 메리가 아빠에게 고민을 털어놓는 밤이 없었다면 어떻게 됐을까? 그리고 메리의 아빠가 풀이 죽은 메리를 보면서, 그냥 현실에 맞춰서 보통 사람들처럼 지내라고 말했다면 어땠을까?

'현실에 타협하자'는 것으로 흘러간대도 메리에게 고민하는 시간이 있었을까? 실제로 메리 워커의 부모는 자녀들이 자유롭게 생각하고 행동하도록 키웠다고 한다. 메리가 이토록 주체적이고 독립적으로 자라난 데에는 아마 부모의 교육 철학이 큰 몫을 했으리라.

영원한 건 절대 없다는 유행가 가사처럼, 변하지 않는 것은 거의 없음에도 우리는 변화를 두려워하고 있다. 사회 질서를 지키는 여러 규범이나 관습은 기준에 불과한데, 그것을 절대 흔들리면 안 되는 절대 불변의 법칙처럼 일반화시키고 있다.

태어날 때부터 직업과 성격이 정해진 채 태어나는 사람은 없다. 다만 태어난 국가, 시대, 환경에 따라, 그리고 학습의 결과에 따라 직업과 성격, 사회관이 일정 부분 확립되고 정립된다. 환경적 요인이나 학습에 의한 결과를 지극히 당연한 것으로 받아들여서는 안 된다. 세상에 '당연한' 것은 없고 '고정된 진실'이란 것도 없으니까. 과거에는 틀렸던 것이 현재는 맞고(인권에 관련한 것은 대부분 그렇다), 또 사회가 복잡해질수록 법과 제도 역시 계속 변화하고 바뀌는 것이 이를 증명한다.

중요한 것은, '변화'를 유연하게 알아차리고 받아들이며 더 나아가 스스로 변화를 추구하려는 자세다. 고정된 행동이나 관념에서 벗어나야 한다. 생활하는 환경을 변화시키고 변화된 생각을 행동으로 옮겨야 한다. 우리 아이들에게도 이런 사회 질서 안에서 변화할 수 있는 용기와 평등에 관한 이야기를 해줄 수 있다.

만약 메리 워커 같은 사람이 없었다면 아마 미국의 여성들이 바지를 입을 수 있게 되는 날은 훨씬 훗날이었을 것이다. 현실을 바꾸려는 노력(게다가 그 현실이 불합리할 경우엔 더더욱)을 하지 않는다면 바뀌는 것은 아무것도 없다. '아무것도 하지 않는다면 아무 일도 일어나지 않는다'는 말의 의미를, 나는 메리 워커의 실화를 통해서 다시 한번 더 확인할 수 있었다.

아이들과 이런 책을 읽을 때는 다른 곁가지 이야기를 많이 할 수 있어 좋다. 최근에 법원 판결이 났던 성 소수자 이야기를 해도 좋고, 사회적으로 대립하는 의견을 신문 기사나 뉴스를 보고 같이 의견을 나누어도 좋다. 여성에게 참정권이 허락된 게 미국보다 우리나라가 더 먼저였다는 '놀라운' 이야기(《치마를 입어야지, 아멜리아 블루머》가 이 소재엔 제격이다)를 해주는 것도 좋다.

당장 사회적 이슈를 토론하고 변화를 모색하지 않아도 좋다.

거창한 변화가 아니더라도 오늘 당장 매일 가던 곳을 다른 길로 가고, 입지 않던 스타일의 옷을 입는 것으로 시작해보자. 매일 가던 도서관도 다른 동네로 가는 작은 일에 도전해보자. 중요한 것은 변화를 두려워하지 않는 마음, 변화를 시도해보려는 마음이다. 작은 마음들이 조금씩 더 큰 변화에 도전할 용기를 가져올 것이다. 내가 변화하고자 원하는 일이 있다면 먼저 생각을 바꾸고 작은 행동부터 실천해보자.

 북 큐레이션_ 양성평등을 이야기해줄 수 있는 그림책

《치마를 입어야지, 아멜리아 블루머》(섀너 코리 글, 체슬리 맥라렌 그림, 김서정 옮김, 미래엔아이세움, 2003)
《종이봉지 공주》(로버트 문치 글, 마이클 마첸코 그림, 김태희 옮김, 비룡소, 2008)
《엄마 소방관, 아빠 간호사》(한지음 글, 김주경 그림, 씨드북, 2021)
《산딸기 크림봉봉》(에밀리 젠킨스 글, 소피 블래콜 그림, 길상효 옮김, 씨드북, 2016)
《돼지책》(앤서니 브라운, 허은미 옮김, 웅진주니어, 2022)
《루비의 소원》(S.Y. 브리지스 글, S. 블랙올 그림, 이미영 옮김, 비룡소, 2004)

자, 눈치 보지 말고:
《돌 씹어 먹는 아이》

누구나 가지고 있는 비밀
...

누구나 비밀은 하나씩 가지고 있다. 그것의 크기가 작거나 크거나, 혹은 그 무게가 가볍거나 무거움의 차이다. 그 무게가 무거울수록 말은 힘들어지고, "이건 비밀인데……"라고 말하는 순간 그것은 비밀이라고 할 수 없을 정도로 가벼워진다. 그러나 무거움과 가벼움의 기준은 무엇일까?

 어린 시절 나도 혼자만의 비밀이라고 생각했던 일이 있었다. 내내 가슴속에 담아두면서 때론 나도 모르게 실수로 그 말을 내뱉을까 봐 말도 조심하게 되었다. 그래서 아마도 다른 사람에게 조용하고 내성적인 아이로 보여졌을지도 모른다.

난 그 비밀 아닌 비밀을 친구들에게 말하기 싫어서 학창 시절 내내 말수가 점점 줄어들었고, 혼자 보내는 시간이 많아졌다. 성인이 된 후 교수님과 대화를 나누면서 처음 그 이야기를 밖으로 꺼내게 되었다. 심각하게 꺼낸 내 모습이 웃길 정도로 "그게 왜 고민인데? 그냥 말하면 되잖아?"라고 하셨다. "아무것도 아닌데?"라는 답이 나와 너무나 멋쩍었던 기억이 있다. 혼자만의 엄청난 비밀이라고 생각한 일은 아무것도 아닌 그냥 하나의 사건으로 묻혔다. 누구에게나 있는 일, 누구든 겪을 수 있는 일 말이다.

그게 왜 고민이지?
...

《돌 씹어 먹는 아이》(송미경 글, 세르주 블로크 그림, 문학동네, 2019)의 주인공은 돌을 너무 좋아하는 고민이 있었다. 밥보다 돌이 더 좋고 돌을 너무 많이 먹어서 돌이 되지 않을까 걱정하면서도 돌을 먹는다. 그것도 돌이 남아나지 않을 정도로 말이다. 가족이 이 사실을 알면 슬퍼할까 봐 가족에게 말도 못 하던 아이는 결국 먹을 돌이 더 이상 남지 않자 혼자 여행을 떠난다.

여행 끝에 처음으로 자신과 똑같은 친구를 만났다! 돌산에서 돌을 씹어 먹는 친구들. 생전 처음 혼자가 아닌 누군가와 같이 돌을 씹어먹으며 즐거움을 만끽했다. 비밀 이야기를 나눌 때처럼 가슴이 두근거리기까지 했다. 자신을 이상하게 생각지 않는 돌 씹어 먹는 친구들 사이에서는 숨길 게 없었다. 돌을 먹어도 전혀 이상하지 않다는 걸 깨달은 것이다. 그리고 돌을 먹는 아이가 자신뿐만은 아니었다는 사실을 알고 집으로 돌아와 가족들에게 용기 내어 털어놓는다.

"나는 돌 씹어 먹는 아이예요."

그렇게 말하자 가족들은 놀라는 게 아니라 저마다의 비밀을 털어놓기 시작했다.

"난 사실 흙 퍼먹는 아빠야."

"나는 녹슨 못과 볼트를 먹어."

엄마가 이어 말했다.

"말하기 부끄럽지만 난 지우개를 먹어."

누나도 거들었다.

"우린 왜 몰랐을까요?"

서로에 대해 이해하며 가족 모두 밤새 눈물을 쏟아낸다. 그 눈물은 깊은 바다를 이루고, 끝없는 눈물에 잠이 들었다.

세르주 블로크의 그림은 세밀하고 가는 게 특징이다. 간결한 선으로 표현하는 그림만으로도 감동을 느끼기에 충분하다. 특히 밤새 오랜 시간 담아둔 눈물을 쏟아내는 장면을 복잡하지 않고 이해하기 쉬우면서도 섬세하게 그려냄으로써 더 큰 마음의 움직임을 전달한다.

다음 날, 가족들은 좋아하는 돌과 흙과 못과 지우개로 저마다 도시락을 싸 들고, 아름답고 가벼운 마음으로 즐거운 소풍을 떠난다.

여러분의 부캐는 무엇인가요?
...

저자는 자신도 주머니에 돌이 들어 있고, 돌을 씹어먹는다고 말한다. 그리고 묻는다.

"여러분의 주머니엔 뭐가 들어 있나요?"

아마 저자가 말하고자 하는 돌은 저마다의 비밀이고 비밀을 감추기 위한 가면일 것이다. 많은 사람이 내가 남들과 조금 다르게 행동하는 것에 대해 타인의 생각을 먼저 의식한다. 타인의 눈치를 보면서 내 모습과는 다른, 주변 사람들이 좋아해줄 만한 가면을 만들어 살아간다. 그래서 정작 내가 가장 좋아하는 나의 돌을, 나 혼자 눈치 보면서 먹는 일을 감내한다. 알고 보면 가족들 모두가 나 같은 비밀 하나씩은 가지고 있을 텐데 말이다.

"서로의 음식을 먹어보라는 말은 누구도 하지 않았지만 우린 정말 멋진 식사를 했어요."

이 장면에서 나는 울컥했다. 누구도 강요하지 않는 자기만의 식사를 즐길 때, 정말 멋지게 어울리는 식사를 했다는 것이 작가가 우리에게 해주고 싶은 말의 전부였음을 알았기 때문이다.

온라인으로 대표되는 가상세계가 우리 삶에서 많은 부분을 차지하는 요즘, 부캐(본래의 캐릭터와 별도로 새롭게 형성한 캐릭터를 이르는 신조어)는 자신의 두 번째 특징이 되었다. 어쩌면 21세기의 우리들은 다른 사람에게 보여지고 싶은 모습으로 '나'를 살아가지만, 오히려 숨기고 싶은 실제의 '나'를 부캐라는 형상으로 표출하는 것이 아닐까?

우리가 부캐라고 생각하는 모습이 진짜 내가 원하는 모습, 나와 가까운 모습이라고 생각한다. 나만 가지고 있는 비밀을 커다랗고 무거운 돌처럼 숨기며 감싸고 있지 말고 아무렇지 않게 표현하고 얘기하길 바란다. 그 무게는 내가 정하는 것이다. 내가 가볍게 생각하면 한없이 작은 고민일 것이고 내가 무겁게 생각하면 그건 누구에게도 말하지 못하는 진짜 비밀이 되어 내 마음을 힘들게 한다.

누구에게나 다 감추고 싶은 비밀이 하나쯤은 있다. 그러나 이때의 비밀은 '내가 사실은 돌을 좋아해'라는 사실처럼, 남들과 달라서 말하지 못하는 고민이 된 비밀이어서는 안 된다. 비밀은 그것보다는 훨씬 중요하고 소중한, 그래서 나만이 간직하고 싶은 것이어야 한다. 남들의 눈치를 보느라 힘들게 감추고 외롭게 견뎌야 하는 것은 아니다. 작가는 이 진실을 정말 멋지고 개성 있는 이야기로 들려준다. 이보다 더 멋질 수는 없는 '부캐' 그림책이다.

고민은 털어놓을 때 가벼워진다
• • •

누구나 마음을 터놓고 지내는 가까운 사람에게 크고 작은 고민을 나눈 경험이 있을 것이다. 의외로 상대방이 너무 편하게 들어줘서 놀라기도 하고(앞에서 이야기한 교수님처럼), 때로는 내 고민을 상대방이 너무 쉽게 넘긴다면 서운하기도 할 것이다. 그러나 고민은 고민일 뿐, 너무 깊이 파고들지 말아야 한다. 고민은 상대에게 털어놓는 순간 가벼워진다. 다른 사람과 같이 나눌 수 있기 때문이다.

아이의 고민도 마찬가지다. 아이들 역시 고민을 털어놓을 때 마음의 짐도 내려놓는다. 만약 아이가 남들과는 다른 행동을 한다거나 그동안 몰랐던 아이의 사생활을 알게 된다면, '얼마나 힘들었을까' 먼저 공감하며 안아주자. 크게 반응하고 생각할 필요도 없다. 조급해하지 말고, 한 걸음 한 걸음 물러서서 아이의 이야기를 차분히 듣는 시간이 필요하다. 아이가 부모나 어른의 눈치를 보지 않고 마음을 열 수 있는 환경을 만들어준다면, 아이 혼자 고민하는 시간은 줄어든다.

돌 씹어 먹는 아이가 아무 말도 못 하고 눈치 보면서, 혼자 돌을 씹어 먹는 것은 이상한 게 아니다. 자신의 다름을 인정하고 받아들이는 시간이 오래 걸렸을 뿐이다. 자신의 고민을 털어놓았을 때, 가족들도 짐을 내려놓고 저마다 비밀을 털어놓게 되었음을 기억하자.

　우리도 각자 돌을 씹어 먹고 있다. 이 책은 돌을 씹어먹는 '특별한' 아이의 이야기가 아니라 저마다의 돌을 씹어 먹는 개성 있는 '나'에 대한 이야기다. 돌과 흙, 못과 볼트, 지우개를 한 상 가득 차려놓고 각자 먹고 싶은 메뉴로 식사하는 주인공 가족의 풍경, 이보다 더 유쾌하고 즐거울 수 없다!

 북 큐레이션_ 눈치, 그리고 용기와 관련된 책을 찾는다면

《인사》(김성미, 책읽는곰, 2020)

《머리숱 많은 아이》(이덕화, 위즈덤하우스, 2022)

《어제저녁》(백희나, 스토리보울, 2024)

《바다처럼 유유히》(막스 뒤코스, 이세진 옮김, 국민서관, 2023)

《용기를 냈어》(탈탈 레비, 김영진 옮김, 웅진주니어, 2020)

《코끼리 아저씨와 100개의 물방울》(노인경, 문학동네, 2012)

《코 없는 토끼》(아나벨 라메르스 글, 아네크 지멘스마 그림, 허은미 옮김, 두마리토끼책, 2021)

선택하는 걸 '선택'하지 않았더니 이럴 수가:
《펑 아저씨》

서점에서 선택의 기로에 서다
...

실존주의 작가이자 철학자 장 폴 사르트르는 "인생은 B와 D 사이의 C"라고 말했다. 인생은 탄생(Birth)과 죽음(Dead) 사이의 선택(Choice)이라는 의미다.

그는 1964년 노벨문학상 수상을 거절한 것으로도 유명한데, 가장 큰 이유는 자신의 독립성과 자율성이 노벨상이라는 권위에 규정되기를 원하지 않았기 때문이라고 생각된다. 그는 자신의 목소리로 자유롭게 쓰고 싶은 글을 쓰는 것이 작가로서 자신의 '선택'이라고 믿었을 것이다.

사르트르의 말처럼, 우리는 실제로 태어나서 죽을 때까지 매

순간 선택을 하고, 수많은 선택으로 인생을 채워 나간다. 사소하게는 아침을 먹을지 그냥 나갈지, 커피를 뜨거운 것으로 마실지 차가운 것으로 마실지부터 중요하게는 학업과 취업의 선택, 진로와 직업의 선택, 연애와 결혼의 선택까지, 인생의 매 순간마다 선택해야 할 것투성이다.

선택을 하지 않아도 되는 날이 있을까? 이건 사람의 성향마다 다를 수 있어서, 실제 자신의 하루를 잘 관찰해보면 그 답을 얻을 수 있을 것이다. 내 경우엔, 늘 선택을 하고 사는 편이다.

어느 날은 외출을 앞두고 입을 옷을 한참이나 고민한 끝에 서점에 갔다가, 거기서 몇 권의 책을 앞에 두고 한참을 망설이는 초등학생을 보고 동질감을 짙게 느낀 적이 있었다. 어떤 책을 고를지 고민하는 그 마음이 꼭 내 모습 같았다. 그때 학생의 어머니가 등장하면서 고민은 조금 다른 방향으로 흘러가는 분위기였다. 한 번 보는 책 말고, 오래오래 두고 볼 책을 고르라는 어머니의 목소리가 크게 들렸다. 그때 마침 《펑 아저씨》라는 그림책을 보고 있던 나는 당장 그 책을 학생 어머니에게 추천해주고 싶은 마음이 들었다. '추천해? 말아?' 마음속으로 선택을 잠시 갈등했던 기억이 있다.

표지부터 호기심 '펑'

...

 이렇듯 우리는 살면서 수많은 '선택' 앞에서 머뭇거리고 갈등한다. 그러나 선택은 피할 수 없는 우리의 운명. '선택' 하면 떠오르는 그림책이 있다. 바로 김미소 작가의 《펑 아저씨》(계수나무, 2019)다. 도서관에서 하는 그림책 수업 시간에 《펑 아저씨》를 읽으면 언제나 아이들과 열띤 토론을 열게 된다.

 가장 먼저, 아이들은 표지를 보고 그림책의 제목이 왜 '펑 아저씨'인지 오리무중인 표정을 짓는다. 속옷 차림으로 변기에 앉아서 잡동사니처럼 보이는 것을 만지고 있는 주인공. 옆에 공구 가방이 열려 있고 그 안에는 공구가 잔뜩 들어 있다.

 아이들에게 주인공이 뭐하고 있는 것 같냐고 물으면, 주로 '과학자'라고 답하는 친구가 많다. 하지만 '펑'이라는 부사 때문에 뭔가 실수하는 엉망진창 아저씨 아니냐고 꽤 '예리한' 답을 하는 친구도 있다. 기계가 펑 하고 고장 나서 그걸 고치는 아저씨 아니냐는 아이, 펑 소리가 하도 커서 귀에 헤드셋을 썼다는 아이 등 온갖 추리가 줄줄이 이어진다. 표지를 넘겼을 때 첫 장에 아저씨가 전구를 타고 '펑' 날아오르는 모습을 보면 아이들의 호기심은 증폭된다.

선택, 할까 말길까?
...

그림책의 주인공 펑 아저씨는 무엇이든 뚝딱 만드는 발명가다. 발명을 워낙 좋아해 행복한 발명가. 아저씨는 어디든 데려다주는 상상 로켓까지 만들었는데, 아마도 아저씨가 날아오르는 모습의 전구가 상상 로켓인가 보다.

그런데 아저씨에겐 한 가지 걱정거리가 있었다. 뭔가를 선택해야 할 때 시간이 너무 오래 걸린다는 거였다. "아아아아아아아 아주 오래"라고 작가는 표현한다. 그래서 아저씨는 자신을 도와줄 발명품을 만들기로 한다. 바로 자기 대신 선택을 맡길 '당근 할아버지'. 당근 할아버지는 펑 아저씨의 문제를 1초 만에 해결해준다. 무엇을 먹을지, 무슨 물건을 고를지, 심지어는 발명품을 만들 때도 당근 할아버지가 점점 더 많은 결정을 내려준다. 펑 아저씨는 고민하는 시간이 사라져 행복했다. 그런데 갈수록 당근 할아버지가 자신의 모든 일에 참견하자 고민에 빠진다. 아저씨는 점차 지쳐갔고, 당근 할아버지의 선택이 완벽한 것인지 헷갈리기 시작했다. 점차 자신을 잃어가는 느낌이 들었다. 아저씨는 자기가 무엇을 좋아하는지, 어떤 일을 하고 싶은지 도무지 떠올릴 수가 없었다.

펑 아저씨는 오랜만에 깊은 고민에 빠지게 되었다. 심지어 옷도 당근 할아버지랑 똑같이 입게 된 자신의 모습을 보고 밤을 새위 고민하다가 당근 할아버지를 원래 모습으로 되돌리기로 했다. 혼자가 된 아저씨에게 선택하는 일은 여전히 힘들고 시간도 아주아주아주 오래 걸렸지만, 그제야 자신도 꽤 괜찮은 선택을 할 수 있을 것 같아 마음이 편안해졌다.

달라진 건 또 있었다. 자신의 선택을 좋아하게 된 것이다. 다른 사람이 아닌 스스로 내린 결정이기 때문이다. 스스로 결정을 해나가는 과정에서 비로소 고민하던 순간도 소중히 여기게 된 것이다.

"그럼 각자 먹고 싶은 거 사 먹고 다시 만나"
...

펑 아저씨처럼 나와 우리 아이들은 여행지에서 무엇을 먹을지 고민하던 일이 있었다. 의견이 좀처럼 좁혀지지 않아 고민하던 우리는 서로 헤어져 먹고 싶은 음식을 따로 사 먹고 다시 만나기로 했다. 그런데 문제는 장소가 일본이었다는 점. 당시 초등학생, 중학생이던 우리 아이들은 무슨 용기였는지 쉽게 찬성했고, 난 어린아이 둘이 주문을 잘 할 수 있을지 걱정했지만 아이들의 의견을 존중했다. 그냥 엄마랑 아무거나 먹자고 말할 수 있었지만 그 '아무거나'가 얼마나 재미없는 일인지 알고 있었기에 그렇게 말하지 않았다.

난 음식을 먹는 중간중간에도 옆 식당에서 밥을 먹고 있을 아이들이 걱정되었다. 아니, 밥을 먹기 시작이라도 했는지 너무나 궁금했지만 그냥 끝까지 내 음식을 다 먹고 만났다. 아이들은 나를 보자마자 눈물을 흘릴 정도로 웃었는데, 알고 보니 정작 먹고 싶었던 우동을 먹지 못하고 주문을 잘못해서 엉뚱한 카레를 먹었다고 했다. 말이 통하지 않으니 당연한 일이었다.

그래도 그 상황에서 아이들이 당황하지 않고 음식을 끝까지 먹고 나온 게 너무나 기특하고 대견했다. 더 신기한 일은 생전 카레를 먹지 않던 딸이 카레 우동을 먹은 것이었고, 그 이후로 지금까지 카레를 즐기게 되었다는 것이다. 우리는 아직도 그 얘기를 시작하면 웃느라 정신이 없다. 낯선 나라에서 아이 스스로 '선택'할 기회를 주고 그 선택을 책임지게 한 일. 그것이 너무나 잘한 일이라고 생각한다.

스스로 선택한 책 한 권, 엄마가 준 열 권보다 낫다
・・・

선택은 이처럼 메뉴를 정하고 식당을 고르는 일처럼 사소하기도 하지만, 아이에게 스스로 선택권을 준다는 것은 큰 의미가 있다. 아직 유아이고 초등 저학년일지라도, 아이가 충분히 감당할 수 있는 범위에서 최대한 많이 선택권을 주는 일이 중요하다. 그래야 독립심, 자존감, 자신감이 같이 길러질 수 있다.

아주 어릴 때는 식당 메뉴를 스스로 선택하는 데에서 시작하는 것도 좋다. 먹고 싶은 음식을 선택하는 것처럼 오늘은 아이가 택한 책을 사주는 날로 정해보자. 초등학생이라면 자기 용돈으로 책을 사도록 해도 좋다. 그러면 엄마 돈으로 사주는 날보다 훨씬 신중해지는 아이 모습을 보게 될 것이다.

아이의 의견을 존중해주고 관점이 다름을 인정하자. 자신의 힘으로 선택하는 시간을 준다면 서점으로 가는 발걸음은 다를 것이다. 책을 읽어야 한다면서 서점으로 데려가 엄마 기준으로 책을 고르라고 강요한다면, 자연선택이 아닌 인위선택으로 아이의 흥미는 반감될 수 있다. "엄마는 이게 좋을 것 같은데 네가 잘 생각해봐"라는 의견조차 건네지 말자. 아이는 금세 책에 대한 흥미를 잃고 "어차피 엄마 마음대로 할 것 아니야?" 하면서 문구 파는 쪽으로 발걸음을 옮길 것이다.

아이가 관심 두는 책이 만화책이어도 좋고, 한때 유행하는 소설책이어도 좋다. 선택의 기회로 서점을 찾게 된다면 자신이 선택한 그 책을 열심히 읽을 것이다.

만약 그 책이 한 번 읽고 덮어두는 책이 되었다면 그것 또한 선택의 신중함을 배우는 시간이다. 다행히 진중한 선택으로 고른 책이 몇 번이고 더 읽게 되는 책이 된다면 더 소중하게 와 닿아 인생 책으로 꽂아둘 수 있다.

선택에는 많은 연습과 시간이 필요하다. 책, 장난감, 아이가 꿈꾸는 희망 모두 그렇다. 시행착오와 실패가 있겠지만, 선택의 과정과 결과에 대한 책임은 우리가 인생을 채워 나가는 데 꼭 필요한 일이다.

내 인생을 바꾸는 힘은 나의 선택에서 온다. 올바른, 아니 최대한 내가 원하는 선택을 할 수 있도록 사소한 것부터 선택할 줄 아는 힘을 기르자. 오늘 방문한 서점에서 아이가 어떤 책을 골랐다면, 그 책에는 분명히 그런 힘이 있을 것이다.

tip 활동 제안_ 아이가 선택한 장소로 가족 나들이를 떠나볼까?

아이에게 휴일 프로그램을 스스로 선택하게 해보자!

놀이동산도 좋고 박물관이나 과학관, 미술관, 웹툰 전시회나 일본 애니매이션 같은 특별한 전시관이어도 좋다. 조금 큰 형제가 있다면 가족 여행을 짜는 '여행 가이드'가 되어도 좋다.

장소는 부모님과 함께 정하자. 부산, 제주도, 강원도 등 각 지역의 특색에 맞는 볼거리와 먹을거리, 행사장을 검색하고 탐색해서 정리한 뒤 가족 여행을 떠난다면, 아이들은 그 여행을 평생 추억으로 기억하게 될 것이다.

3장

창의력은
호기심과 상상력을
먹고 자라는 나무

속이 다 시원하네:
《머리 위의 새》

질문은 어려워
...

2010년 서울에서 주요 20개국(G20) 정상회담 폐막식이 열렸을 때, 버락 오바마 미국 대통령은 주최국 한국에 감사를 표한다면서 당시 한국 기자들에게 먼저 질문할 기회를 주었다. 그런데 이후 벌어진 광경은 어땠을까? "여기요, 여기요!" 하면서 서로 손들고 이 천금 같은 기회를 잡는 대신 장내는 쥐 죽은 듯 조용했다. 질문할 기자를 기다리던 오바마 대통령은 결국 중국 기자에게 발언권을 주고 말았다.

이런 현상은 기자들의 세계에서만 일어나지 않는다. 미국 대학교는 물론이고 한국 대학에서도 유독 우리나라 학생들은 질문하는 일이 드물다는 평가를 받는다. 묻지도 않고 따지지도 않는 우리 교육의 한 단면을 보여주는 것 같아 무척 씁쓸했던 기억이 있다.

나 또한 '질문'하는 역할보다는 '듣고', '받아들이는' 역할에 치중하며 자라왔던 것 같다. 그렇다면 나는 언제부터 궁금한 것에 대해서 질문하기를 두려워하고 부끄러워하게 되었을까? 아마도 호기심 가득한 어린 시절 엉뚱한 질문들을 던졌을 때 어른들이 너무 크게 웃어버려서가 아닐까? 아니면 호기심으로 엉뚱한 질문을 했을 때 그런 걸 묻는 건 실례라고 질문 멈추기를 강요당해서는 아닐까? 그러면서 점점 내가 하는 질문들이 또 뭔가 잘못일까 싶어서 호기심도 질문도 참게 된 거 아닐까 하는 생각을 했다. '질문'하고 '되묻는' 태도 자체를 자연스럽게 체득하지 못하는 것은 어른도 아이도 크게 다르지 않은 것 같다. 세대를 넘어서 모두 다 질문을 어려워한다고 할까.

질문은 관심에서 시작된다
・・・

어릴 때는 식당에서 메뉴에 대해 질문하는 것도 입 밖으로 내뱉기가 힘들고 부끄러웠다. 마치 외국어로 말해야 하는 것처럼 입이 떨어지지 않았다. 엄마가 되고 나서는 용감하게 주문을 하지만, 그래도 속으로는 누군가가 대신해주길 바란다.

요즘 아이들은 이 정도의 생활 속 팁들은 스마트폰이 해결해주기에 대면하여 질문하고 정보를 요구하지 않아도 된다. 주문도 키오스크가 대신해주고 메뉴에 대한 궁금증도 사람에게 묻기보다는 기계로 검색하는 것이 일상화되었다. 그래서 나타난 또 다른 단면은, 사람을 대면하는 일을 점점 꺼리게 된다는 점이다. 특히 사람에게 직접 질문을 건네는 일은 더욱더 어려워진다. 살아가면서 사람에게 질문을 던지고 묻는 일을 피할 수는 없는데, 그게 힘들어지는 것이다.

우리는 대부분 처음 만난 사람에게는 궁금한 점을 이것저것 묻고, 친해질수록 그 사람에 대해 더 많은 것을 알고 싶어져 질문을 던지게 된다. 서로 친한 사이에서는 때론 실례가 되지 않을까 싶은 생각에 "꼭 대답하지 않아도 돼"라는 말을 질문에 앞서 먼저 하는 경우도 있다. 반대로 내가 말하기 힘든 일은 상대방이 알아차려주고 먼저 내게 물어봐주었으면 하고 바랄 때도 있다. "무슨 일 있어?"라고 물어봐주면 몇 시간이고 계속 이야기할 기회를 엿보듯 말이다. 이처럼 질문은 '관심'의 또 다른 표현이다.

한 번은 친구에게 오래전부터 마음속에 담아둔 이야기를 꺼낸 적이 있었다. 오래 걸리는 이야기라고 시작했더니 친구는 듣기를 꺼리면서 부담스럽다고 했다. 그때 난 힘들게 끌어 올린 용기를 꾹 눌러 다시 마음 깊은 곳에 감추어야 했다.

질문은 '관심'의 또 다른 표현인데, 친구는 나에게서 듣는 행위 자체를 거부하니 나로서는 선택의 여지가 없었다. 그 뒤로 친구에 대한 나의 '관심'도 사라졌음은 당연하다. 가끔은 아무 생각 없이, 질문 없이 살아도 괜찮지 않을까 싶은 생각이 든다. 머릿속이 복잡해서 무의식적으로 생각의 문을 애써 잠가놓기도 한다. 그럼에도 불구하고 하루에도 몇 번씩 수많은 생각과 질문이 떠오르는 것을 느낀다. 뇌와 의식이 살아 있는 한, 세상에 대한 관심이 사라지지 않는 한, 질문은 없어질 수 없기 때문이다.

어른들은 왜 모든 것을 설명하려 할까요?
...

로시오 아라야 작가의 《머리 위의 새》(김지연 옮김, 너와숲, 2023)의 첫 페이지에는 "아이들을 가르치는 어른들과, 어른들에게 또 다른 가르침을 선물해주는 어린이들에게"라고 적혀 있다.

"더 나아지지도 않고, 행복해지지도 않는데 똑같은 글자를 왜 계속 써야 하나요?"

그림책 속 주인공 소피아는 선생님에게 머릿속에서 떠오르는 질문을 연신 쏟아낸다.

"구름의 크기를 잴 수 있나요?"

"착하고 좋은 어린이면서 행복한 어린이일 수 있나요?"

"송아지는 제가 자기 엄마의 젖을 매일 마신다는 것을 알까요?"
"어른들은 왜 모든 것을 설명하려 할까요?"

소피아의 호기심으로 가득 찬 질문들은, 모두 아이의 머리 위에 새가 되어 앉아 있다. 많은 새들은 소피아의 질문이 하나씩 해결될 때마다 어디론가 날아간다. 그런데 소피아의 다양한 호기심과 질문과 달리, 선생님의 답변은 평이하다 못해 심심하다.

"소피아, 선생님의 생각은 너와 다르단다. 여러 갈래의 길이 나타나면, 선생님은 항상 같은 길을 선택하곤 하지."

그래서인지 항상 '같은 길'을 선택하는 선생님에게는 머리 위에 새가 한 마리도 없다. 어른이 된 선생님은 매 순간 무엇을 해야 하는지 생각하지만 궁금한 것은 하나도 없기 때문이다.

선생님은 말한다.

"그리고 비행기를 탈 때마다 말이야, 나는 창밖을 보지 않아."

창밖을 보지 않는 선생님에게 소피아는 자신의 머리 위에 있는 새 중 한 마리를 준다. 자기에게는 이미 많다면서.

새는 어린 시절 누구나 가지고 있던 수많은 질문들을 대신하는 것이다. 호기심뿐만 아니라 한때 어린이였던 어른들의 질문, 걱정, 그 무엇도 될 수 있다.

어른에게 가르침을 주는 아이들은 끊임없이 세상의 모든 일이 궁금한 소피아를 보며 같음을 느낄 수 있을 것이다. 아이를 가르치는 어른들은 바쁜 일상, 혹은 이미 적응해버린 현실 때문에 잊었던 어린 시절의 호기심을 다시 꺼내볼 수 있는 기회가 될 수 있다.

엄마가 내 상상을 멈췄어
...

우리 딸은 호기심도 많고 조금은 엉뚱한 상상을 하기를 좋아한다. 자고 일어나면 비몽사몽일 텐데 가끔은 밤새 무슨 큰일이 난 것처럼 일어나자마자 상기된 얼굴로 꿈 이야기를 시작한다. 그런데 어느 날 잠이 덜 깬 아침도 아니었고 낮잠을 자고 일어난 후도 아니었는데 불현듯 "지금 하고 있는 공부는 나를 행복하게 하지 않아"라고 말해 내 마음을 덜컹하게 했다. 행복해지지도 않는데 똑같은 글자를 왜 계속 써야 하는지 질문한 소피아가 생각났다.

우리 딸이 가끔씩 하던 어릴 적 상상의 이야기들은 진짜 대단했다. 그것들을 기록해서 나중에 멋진 소설이나 영화를 만들어보라고 얘기한 적도 있다. 그렇게 상상의 이야기나 꿈 이야기도 다 들어주었는데 조금 다른 미래를 얘기하는 걸 왜 멈추게 했을까?

아이들이 대학입시를 준비하기 시작하면서 나의 상상도 멈추고 같은 길만을 선택하게 되었다. 현실에 내 아이들을 맞춰가고 있다는 생각이 들었다. 이야기를 계속 들어주고 생각을 멈추지 않게 더 멀리 날아갈 새를 만들어줬어야 하는데 말이다.

'그래, 네가 하고 싶은 대로 하렴. 얼마든지 여러 가지 살아가는 방법이 있으니 너를 행복하게 하는 길을 찾아보도록 해'라고 말해주고 싶었지만, 상상하는 것을 행동으로 옮길까 봐 더 이상 들어주지 못했다. 상상이 현실이 되도록 해줘야 하는데 현실이 될까 봐 두려워하다니…… 우리 딸은 조금 못마땅한 말투로 말했다.

"엄마가 내 상상을 멈췄어. 진짜 그냥 생각뿐이었다고."

상상조차 받아주지 못한, 현실적이고 꽉 막힌 엄마가 되어버렸다. 딸은 답답한 마음에 잠시 현실을 잊고자 털어놓은 말이었을 텐데 그걸 알아채지 못하고 들어주지 못했다니……. 언제든 마음이 움직이는 대로, 상상이 닿는 대로 아이를 키우리라 생각했다. 세상 쿨한 엄마가 되고 싶었다. 난 조금 특별한 엄마라고 생각했는데 막상 그런 이야기를 들으니 상상이 현실이 될까 봐 겁을 낸 게 사실이었다. 내 머리 위에 앉은 새가 점점 사라져가는 현실이 슬프게 다가왔다.

아이인 우리 딸이, 어른인 나에게 또 다른 가르침을 주는 순간이었다.

질문이, 상상이 세상을 바꾼다
...

상상이 더 이상 날개를 달지 못하는 나에게도 밤 시간만큼은 수많은 새가 머리에 앉는 시간이다. 어느 날은 상상의 꼬리를 자르지 못하고 밤 시간이 훌쩍 지나고 만다. 그런 날은 우리 딸처럼 꿈을 꾸기도 하고 아침에 일어나서는 꿈인지 현실인지 구별을 못 하는 경우도 있다. '진짜가 아니었다고?', '꿈이었나?', '이게 상상이었다고?' 하면서 멍하니 잠자리를 벗어나지 못하는 시간도 있다.

'미안해. 실은 엄마도 궁금한 게 너무 많고, 그래서 밤마다 상상을 멈출 수가 없어.'

엄마가 된다는 것은 이처럼 호기심과 상상도 마음속 깊이 눌러야 하는 것이었나? 꼭 그렇지만은 않았을 텐데 나도 창밖을 내다보지 않는 선생님이었구나 싶은 생각에 잠시 슬픔이 지나갔다. 내 머리 위에는 새가 몇 마리 정도 있을까? 아마 나도 적지 않은 새가 머리 위에 있을 것이다. 다만 현실에 적응하느라 날아다니던 새가 내 머리에 앉기도 전에 날아가 버리는 것이다.

아이들에게 질문의 날개를 꺾지 말고 상상의 날개를 달아주자. 호기심 가득한 눈빛으로 나에게 다가와 질문하는 학생들에게는 새를 키우는 선생님, 이야기를 들어주기만 해도 충분한 우리 딸들에게는 마음속 선생님이 되어주고 싶다. '괜찮아 무엇이든 상상해봐' 하면서 말이다.

책의 뒤표지에 써진 대로 "때로는 엉뚱한 생각 하나가 많은 것을 바꾸기도 한다. 친구의 마음을, 세상을, 또는 어른의 생각을 바꾸기도" 한다.

질문을 멈추지 않는 것, 그것이야말로 우리가 세상에 대한 관심을 멈추지 않고 상상을 멈추지 않고 살 수 있는 유일한 방편인 셈이다. 세상이 질문으로, 그것도 다양하고 생산적이며 에너지 넘치는 질문으로 넘쳐나는 상상을 해본다. 머리와 속이 다 시원하게!

 북 큐레이션_ 질문을 던져주는 책

《허튼 생각―살아간다는 건 뭘까》(브리타 테켄트럽, 김서정 옮김, 길벗어린이, 2020)
《세 가지 질문》(톨스토이, 김연수 옮김, 달리, 2021)
《행복한 질문》(오나리 유코, 김미대 옮김, 북극곰, 2014)
《나는 누구인가요?》(토니 뒤랑, 안수연 옮김, 소원나무, 2021)
《지각》(허정윤 글, 이명애 그림, 위즈덤하우스, 2022)
《니 꿈은 뭐이가?》(박은정 글, 김진화 그림, 웅진주니어, 2010)
《검은 머리 흰 머리》(신복남 글, 민승지 그림, 발견, 2021)
《첫 번째 질문》(오사다 히로시 글, 이세 히데코 그림, 김소연 옮김, 천개의바람, 2014)
《시간은 어디에 있는 걸까》(사라 저코비, 김경연 옮김, 미디어창비, 2018)

무슨 꿈이든 괜찮아, 엄마도 아이도 같이 꿈을 찾아 떠나요:
《키오스크》

키오스크 앞에서 나, 떨고 있니?
...

얼마 전 도서관에 갔다가 실버 특성화 프로그램 중 하나로 '시니어 디지털 리터러시 교육'을 운영한다는 게시물을 봤다. 내용이 궁금했는데 제목은 '키오스크, 이제 나도 전문가'였다. 프로그램 교육 내용은 제목 그대로 일상생활에서 마주치는 키오스크 기계를 어려움 없이 혼자 해낼 수 있도록 가르치는 것이었다. 음식점의 키오스크를 통한 메뉴 주문부터 병원 접수, 은행 업무, 민원 발급까지 키오스크를 활용할 수 있도록 하는 수업이었다.

키오스크(kiosk)는 튀르키예어 쾨쉬크(köşk)에서 유래한 말로, 원래는 정원이나 공원 안에 세운 독립된 소형 건축물(정자, 파빌리

온)을 뜻했다. 이 단어는 페르시아어를 거쳐 유럽으로 전해지면서 간이 판매대나 신문, 음료 등을 파는 소형 매점의 의미로 사용되었고, 현대에는 터치스크린을 통해 사용자와 상호작용할 수 있는 무인 정보 단말기, 즉 자동화된 서비스 기기를 뜻하는 말로 발전했다. 국내에는 2015년 맥도날드 매장에 처음 도입되어, 당시만 해도 키오스크가 낯설었던 때라 기계 앞에서 헤매다가 그냥 나왔다는 사람부터 진땀 나는 경험담을 남긴 이들까지 다양한 이야기들이 여기저기 공유되곤 했다.

그로부터 10년 가까이 흐른 지금, 키오스크를 통해 커피를 주문하고 음식을 주문하는 일은 이제 대부분의 사람들에게 낯선 일이 아니다. 다만 디지털 소외계층에게는 별도의 교육이 필요해서, 시니어들을 위한 프로그램이 공공기관을 중심으로 활발하게 이루어지고 있는 실정이다.

과거와 현재의 넘다듦을 키오스크에서 만나는 재미
...

그림책 《키오스크》(아네테 멜레세, 김서정 옮김, 미래아이, 2021)는 원래 의미의 《키오스크》를 아이들에게 펼쳐 보여준다. 그림책을 보자마자 아이들은 한결같이 이렇게 말한다.

"아, 이게 무슨 키오스크예요? 이건 그냥 가판대잖아요?"

그러는 아이들에게 나는 "맞아, 가판대야. 그런데 키오스크라는 의미가 원래 가판대였어"라고 답한다. (아이들은 원래 의미의 키오스크를 그림책에서 배우고, 시니어들은 현대적 의미의 키오스크를 도서관에서 배우는 현실. 과거와 현재, 주니어와 시니어들의 이러한 넘나듦과 융합이 나는 너무 멋지게 느껴진다!)

올가는 하루 종일 좁은 키오스크 안에서 많은 사람들에게 물건을 판다. 표지는 창문처럼 보이는 네모난 구멍 안에 몸집이 큰 올가가 물건들과 같이 꽉 차 있는 모습을 보여준다. 비좁지만 여유로운 미소를 짓고 있는 올가와 셀 수 없이 다양한 물건들이 면지를 채운다.

"와~ 물건 정말 많네요. 이 작은 공간에 이렇게나 많은 물건이 다 들어가요?"

아이들은 올가의 가게 안을 보며 신기해한다.

올가가 오랫동안 지켜온 키오스크는 곧 올가의 인생과 다름없었다. 올가는 누가 어떤 물건을 사러 오는지 척척 알아맞히고, 하루종일 만나는 사람들에게 친절하게 물건을 건넨다. 올가에게도 꿈이 있다. 바닷가에서 아름다운 놀이 지는 것을 바라보는 꿈. 올가는 여행 잡지에서 발견한 바다 사진을 잘 보이는 곳에 붙여놓는다.

그러던 어느 날, 올가는 우연한 사건으로 키오스크와 함께 뒤집힌다. 정신을 차려보니 키오스크를 들어 올려 움직일 수 있지 않나! 올가는 키오스크가 엉망이 된 일을 속상해하는 대신 오히려 기뻐하며 잠깐 산책을 나가기로 한다. 키오스크를 들어 올린 채로!

작지만 풍성했던 키오스크처럼, 풍성했던 올가의 꿈
...

올가가 키오스크에 끼어 있는 듯한 모습이 처음에는 조금 답답하고 안쓰럽기까지 했지만, 키오스크와 함께 강물을 따라 흘러가는 올가의 모습은 다르다. 오히려 올가를 움직이지 못하게 했던 키오스크가 올가를 더 먼 곳으로 나아가게 도와주고 있었다. 바다의 거센 물살로부터 올가를 지켜주는 것이다.

그렇게 흘러가던 올가는 드디어 꿈꾸던 바다에 닿았고, 그곳에서 행복을 찾는다. 올가의 인생이었던 키오스크는, 올가가 꿈꾸던 황홀한 석양의 바닷가에서도 여전히 함께한다. 예전에 자신을 강물에 빠지게 했던 강아지 람보와 신사를 다시 만나고, 연애에 늘 실패해 울면서 잡지를 사러 오던 숙녀는 이제 남자친구와 함께 찾아오는가 하면, 한때 올가에게 길을 묻던 관광객도 다시 나타난다. 올가의 인생은 이곳에서도 계속되는 것이다.

내게 인상 깊었던 것은, 바닷가에 도착한 올가가 예전에 만났던 사람들과 다시 재회하는 것이었다. 그들과 만나는 장면을 찾아보는 게 읽는 재미를 더했다. 벗어났다고 생각하지만 결국엔 다시 만나게 되는 것처럼, 정적인 것과 동적인 삶의 모습을 동시에 표현하는 것도 좋았다.

올가는 키오스크 안에서 여행 잡지를 읽고, 벽에 꿈을 붙이는 것만으로도 충분히 행복했다. 하지만 더 넓은 곳으로 나아가면서 드디어 마주한 꿈은 자연의 황홀함보다 더 달콤하고 아름다웠다. 올가의 행복은 어쩌면 키오스크와 함께했기에 가능했을 것이다.

작가는 처음에 키오스크를 벗어던지고 자유롭게 움직이는 결말을 그렸지만 사용하지 않았다고 한다. 키오스크를 벗어나지 않더라도 그 안에서 충분히 자유롭다는 것을 말하고 싶었기 때문이다.

새로운 것에 도전하기 위해 반드시 내가 가지고 있는 것들을 완전히 버리고 현실에서 벗어나야 하는 것은 아니다. 올가의 도전은 자신이 발 딛고 있는 곳에서 시작했고, 결국 자신의 꿈을 성취했다. 벗어나고 싶었을지도 모르는 키오스크. 그러나 키오스크와 함께 새로운 기회를 만들어가는 순간이 올가의 진정한 꿈을 이루는 순간이지 않았을까

"삶이 힘들어도 그 안에서 꿈을 찾는 모습을 그림책으로 보여주고, 어떤 삶이든 괜찮다는 이야기를 전하고 싶다"는 작가의 말처럼, 우리가 꿈꾸는 행복은 지금의 삶을 벗어나는 것이 아니라 그 안에서 찾고 발견하는 것임을 작가는 말하려고 했던 것이다.

작지만 이것저것 많은 물건들로 풍성했던 키오스크처럼 올가의 꿈도 풍성했으니 말이다.

잃어버린, 엄마들의 꿈을 다시 생각하다
. . .

키오스크를 읽고 지금은 잠시 꿈을 접어둘 수밖에 없는 엄마들 그리고 나 자신을 떠올렸다. (과거와 현재, 주니어와 시니어들의 이러한 넘나듦과 융합이 나 자신에게도 일어났다고 해야 할까!)

'엄마라는 이름으로 육아에 갇혀 지내는 시간들을 꼭 버려야 행복할까?', '이 안에서 내 꿈을 찾을 수는 없는 걸까?'라는 질문을 스스로에게 던져보았다. 작가의 말처럼, 자신의 틀을 꼭 깨고 나오거나 벗어나야지만 행복한 것이 아니라 그 안에서도 얼마든지 꿈을 찾을 수 있을 테니까 말이다.

올가가 지금 현재를 버리거나 벗어나지 않아도 충분히 노을이 내리는 바다를 꿈꾸고, 석양이 황홀한 바다와 마주할 수 있었듯이 말이다. 우리도 엄마라는 이름을 벗어던지지 않아도 잠시 벽에 붙여 놓았던 마음속의 사진을 꺼내어 당장 그곳으로 나아갈 수 있을지도 모른다. 결혼을 했다고 해서, 엄마라고 해서, 지금 하고 있는 일이 있다고 해서 한자리에 있을 필요는 없다. 내가 꿈꾸어왔던 것을 자석으로 꾹 눌러놓은 사진만으로 만족할 수는 없다.

실제로 어느 날, 나 역시 벽에 붙여놓은 바다 사진을 멀뚱하게 바라본 적이 있다. 사진을 뒤집어보았는데 뒷면엔 아무것도 없었다. 순간 '아무것도 없음'이 바다보다 더 큰 기회와 바람을 내게 주었다. 사진 뒷면에 내가 하고자 하는 것들을 적어보았다. '하루에 영화 10개 보기', '친구랑 같이 살기', '책 만 권 읽기', '바닷가에서 한 달 살기' 등 내가 하고 싶은 일종의 버킷 리스트를 채워 넣었다.

아직도 벽에 붙어 있는 사진은 내가 가고 싶어 하는 바다지만, 그 뒤에는 윤슬보다 더 빛나고 파도보다 더 하얗고 끝없이 푸른 것들이 숨어 있다. 언젠가는 다시 가겠다고 생각하는 바다, 해내리라 다짐하는 그런 꿈들이 비밀스럽게 적혀 있다.

강물에 빠져도 허우적대거나 다시 제자리를 찾고 도망가는 게 아니라 올가는 흐르는 대로 흘러간다. 어려움이 닥쳤을 때 무작정 해결해내려고 발버둥치기보다는 때로는 그 상황을 받아들이고 위기와 함께 시간을 자연스럽게 흘려보내면, 마침내 바다를 만날 수 있다.

넘어졌다고 해서 실패했다는 뜻은 아니다. 다른 방향의 길로 나아갈 수 있음을 말해주고 싶다. 키오스크에서 넘어졌기에 바다로 나아갈 길을 찾을 수 있게 된 올가처럼 말이다.

멜레세도 올가에게 '위기는 새로운 기회'였다는 점을 독자들이 함께 느꼈으면 좋겠다고 말한다. 자리를 지키고 있어야 한다는 생각을 잠시 버리고, 같은 자리지만 한 발 한 발 나아가는 걸음이 필요하다.

작가도 엄마였음을 고백하는 책, 《스텔라의 도둑맞은 잠》
...

엄마의 꿈 이야기를 하다 보니, 같은 작가의 또 다른 책 《스텔라의 도둑맞은 잠》(용희진 옮김, 미래아이, 2023)이 자연스럽게 연결되었다. 엄마이자 작가인 멜레세는 업무용 방으로 일을 하러 가기 위해 남편에게 아이를 맡긴다. 밤에 일을 해야 하는 엄마가 '굿나잇 키스'를 하는 동시에 다리를 뒤로 길게 뻗는 장면이 그려지는데, 작가는 엄마가 업무용 공간으로 길게 내뻗은 다리는 일과 가정의 균형을 맞추기 힘든 현실을 표현한 것이라고 했다.

주인공 스텔라는 잘 시간이 지났는데도 잠이 오지 않자 아빠와 함께 분실된 잠을 훔쳐 간 범인을 찾아 나서고, 그때부터 흥미진진한 이야기가 시작된다. 실제 두 아이의 엄마이기도 한 작가 자신의 이야기다. 멜레세는 자신의 딸 스텔라를 토닥이며 재우던 중 유난히 잠들지 않는 아이를 바라보며 든 생각을 그림책으로 옮겼다고 한다.

《스텔라의 도둑맞은 잠》에서 내가 집중하는 부분은 '엄마의 꿈'이다. 엄마에게도 꿈이 있고, 일하기 위해서는 자기만의 방과 시간이 필요하다는 것을 아이들에게 알려주면서 책을 읽어준다. 더불어, 아이의 잠자리를 책임지는 일은 아이의 아빠도 같이 해야 한다는 사실도 같이 강조한다. 그런 의미에서 아빠가 아이를 재울 때 이 책을 골라주면 아주 좋다!

작가는 그림책을 읽어주며 부모가 아이와 함께 대화하고 감정적 유대감을 넓힐 수 있는 시간이야말로 정말 중요하다고 말한다. 일상의 소재로 흥미로운 이야기를 구상하는 작가의 말이 더 깊이와 닿는 이유다.

그림책으로 아이와 함께 꿈을 이야기하고 질문을 주고받을 때, 엄마로서 나 자신이 품어왔던 꿈들을 떠올리고 앞으로의 꿈을 다시 그려나가는 시간이 되기를 바란다.

모든 꿈을 응원합니다
...

꿈을 꾸고 있는 많은 엄마들에게 말하고 싶다. 혹은 꿈이 무엇인지 더 이상 생각하지 않고 하루하루를 살아가는 이들에게 말하고 싶다. 엄마의 모습으로도 충분히 많은 것들을 해낼 수 있고, 엄마이기에 다른 이들은 경험하지 못한 것들을 이끌어낼 수 있을 것이라고 말이다.

나 또한 아이를 키우며, 내가 다시 꿈꾸던 것에 도전할 기회가 있으리라고 생각지 않았다. 10년이라는 육아 시간 동안 사회와 단절된 내 모습이 후회스럽기도 했다. 하지만 아이들을 키우면서 내 아이의 교육을 위해 고민하는 일들이 지금의 나로 일어설 수 있게 만들어주었다. 그리고 한때는 내 아이들에게만 읽어주던 그림책을, 이제는 더 많은 아이들에게 읽어주는 일을 하게 되었다. 무언가를 하려면 반드시 집을 나서야 하고, 아이들이 커야만 일을 할 수 있다고 믿었던 과거의 내 모습은, 어쩌면 올가의 모습과 너무도 닮아 있다.

나의 키오스크가 한 번쯤 쓰러지지 않았다면, 나는 아직도 벽에 붙은 사진을 바라보며 꿈만 꾸고 있었을지 모른다. 넘어짐은 끝이 아니라, 다른 길로 들어설 수 있는 문이다. 이제는 방향을 돌려 새로운 길을 향해 나아가야 한다는 시각의 전환이 필요하다.

바닷가에서 석양을 바라보는 올가는 밤마다 아이스크림을 먹으면서 다시 새로운 꿈을 꾼다. 우리 아이들이 새로운 사진으로 벽을 가득 메우고 나아갈 수 있도록, 새로운 물건들을 찾아 스스로 진열할 수 있도록 해주자.

표지에는 네모난 창이 뚫려 있어 아이들과 함께 자신의 물건을 떠올리며 나만의 키오스크로 재구성할 수 있다. 키오스크의 입구는 갇혀 있는 올가를 상징하기도 하지만, 동시에 언제든 나올 수 있고 또 새로운 물건이 들어올 수 있는 '출입구'이기도 하다. 꿈은 계속 바뀌고, 꿈을 찾아가는 여행은 현재 진행형이다. 책의 내용을 영상으로 담은 키오스크 북트레일러(https://vimeo.com)도 함께 감상하길 권한다. 읽고, 보고, 상상하며 각자의 키오스크를 완성해보자.

 북 큐레이션_ 아이의 꿈을 위해 읽을 때 엄마도 같이 꿈꾸며 읽어요

《인생은 지금》(다비드 칼리 글, 세실리아 페리 그림, 정원정·박서영 옮김, 오후의소묘, 2021)

《매튜의 꿈》(레오 리오니, 김난령 옮김, 시공주니어, 2019)

《버찌 잼 토스트》(문지나, 북극곰, 2020)

《엄마의 선물》(김윤정, 상수리, 2016)

《엄마도감》(권정민, 웅진주니어, 2021)

《100인생 그림책》(하이케 팔러 글, 발레리오 비달리 그림, 김서정 옮김, 사계절, 2019)

《당신의 마음에 이름을 붙인다면》(마리야 이바시키나, 김지은 옮김, 책읽는 곰, 2022)

《어느 날 아침》(이진희, 글로연, 2018)

《시간이 흐르면》(이자벨 미뇨스 마르틴스, 글 마달레나 마토스 그림, 이상희 옮김, 그림책공작소, 2016)

이게 이렇게까지 된다고?:
《내 머리가 길게 자란다면》

얼마든지 나눌 수 있다, 우리들의 마음
...

긴 머리카락. 여자아이라면 자라나면서 누구나 한 번쯤 꿈꾸는 모습이다. 나는 긴 머리를 생각하면 18년을 탑에 갇혀 지낸 라푼젤 공주가 가장 먼저 떠오른다. 마법 같은 상상력을 지닌 데다 모험을 두려워하지 않는 용감한 공주지만, 긴 황금빛 머리카락의 아름다움이 먼저 생각나는 라푼젤. 긴 머리칼 덕에 탑에서 탈출하는 데 성공하는 라푼젤 말이다.

 머리를 빗고 관리하는 데는 긴 수고가 들어간다. 나 역시 오랫동안 긴 머리카락을 고수하고 있었다. 그러다 결혼하고 아이를 키우면서 육아에 지쳐갈 때 문득 긴 머리카락이 귀찮게 느껴졌고, 머리를 짧게 정리해야겠다고 마음먹었다.

그즈음 우연히 '한국백혈병소아암협회'에서 소아암 환자용 가발 제작을 위해 모발을 기부받는다는 소식을 듣게 되었다. 작은 일이지만 나도 참여하고 싶었다. 내 마음이 누군가에게 잘 쓰이면 좋을 것 같았다. 기부를 다짐한 뒤로 염색이나 파마를 한 번도 하지 않고 머리를 길렀다. 내 머리카락이 누군가에게 좋게 쓰일 '자산'이라고 느껴지자, 정성을 들이게 되었다. 그렇게 몇 년 동안 머리카락을 기른 뒤에, 소아암 환우들을 위해 기증하던 날 나는 더없이 기쁜 마음으로 '커트'를 했다.

살면서 선한 일을 몇 번이나 하게 될까? 정말 누군가에게 도움이 되는 일을 해냈다는 사실이 뿌듯했다. 그리 큰 힘 들이지 않고, 그저 시간을 흘려보냈을 뿐인데 내 머리칼이 어린아이들에게 큰 도움이 된다니, 오히려 내가 더 기쁘고 고마웠다. 내가 누군가를 위해 도움이 되었다는 사실이 오히려 나 자신을 위로해주었기 때문이다.

상상으로 함께하는 이야기
・・・

《내 머리가 길게 자란다면》(타카도노 호오코, 예상렬 옮김, 한림출판사, 2003)은 읽으면서 한동안 잊고 있었던 짧은 머리를 한 내 모습을 떠올리게 하는 그림책이다. 책의 주인공 수진이는 짧은 단발머리의 소녀다. 그런 수진이 앞에서 긴 머리카락을 한 연희와 민지가 긴 머리를 자랑한다.

"우리는 더 길게 기르자, 등이 모두 가려질 만큼."

그러자 수진이가 말한다.

"뭐야? 너희들 겨우 그것밖에 안 길러? 나라면 더 길게 기를 텐데!"

"뭐 얼마나?"

친구들이 궁금해하자 이때부터 수진이의 상상력이 폭발한다. 땋은 머리를 다리 밑 강까지 길게 늘어뜨려 물고기를 잡을 수 있을 때까지! 목장 울타리 밖에서 땋은 머리를 로프처럼 휙 던져 소를 잡을 수 있을 때까지! 그리고 길게 양쪽으로 땋은 머리를 팽팽하게 나무에 묶어 빨래를 널 수 있을 때까지! (빨래가 마를 때까지 책 10권을 읽고 엄마에게 도와줘서 고맙다는 칭찬도 듣고!) 샴푸로 머리를 감으면 구름까지 닿는 아주 큰 소프트아이스크림이 될 때까지!

저자는 수진이가 친구들과 현실에서 나누는 이야기는 단색으로, 수진이의 상상은 채색으로 표현한다. 다채로운 상상력을 자유롭게 표현하면서 읽는 이에게 흥미진진한 상상력의 확장판을 보여준다.

"그렇게 긴 머리카락을 어떻게 관리하게?"라고 친구들이 반문하자 수진이의 상상력은 더 재미있게 이어진다.

"강가에 누워 머리를 흔들흔들 감으면 돼", "10명의 동생들이 빗질을 해주지", "그리고 내 머리는 숲이 될 거야. 작은 새, 다람쥐, 벌레들도 찾아오는".

책 표지는 수진이의 상상력을 한 번에 표현하듯, 긴 머리카락 안에 온갖 것들이 포근히 자리한 모양새다. 친구들, 꽃과 나무, 벌레, 풀 등등. 똬리처럼 둘둘 말린 머리칼 안에 세상이 들어 있다.

누구나 다 타고난 상상력으로 성장하고 나아가기
...

《내 머리가 길게 자란다면》은 다음 장에는 무슨 상상치 못한 이야기가 있을지 기대되고 미소가 새어 나오는 책이다.

많은 머리로 물고기를 잡고, 침낭을 만들며 빨래를 널다니……. 아이들에게 읽어주면 그렇게 좋아할 수가 없다. 아이들에게 상상력은 필수 영양소다. 상상력으로 크고, 세상을 경험하며, 미래를 꿈꾼다. 상상력은 그냥 생기지 않는다.

많은 아이가 미술학원에 가고 싶다고 할 때 창의력이 사라질까 봐 오히려 너무 어린 나이에는 미술학원을 보내지 않는다고 얘기하는 부모님이 있다. 틀에 짜인 교육이나 주입식 교육이 창의력을 방해하는 요인이라고 생각해서 그런 것 같다. 하지만 난 그 생각에 동의하지 않는다. 예술은 틀에 짜인 교육과 주입식 교육을 할 수 없기 때문이다. 그리고 미술을 배운다고 해서 저해되는 창의력은 세상에 없다.

첫 미술학원의 기억은 흰 도화지를 마주한 장면이다. 처음 선생님이 흰 도화지를 주면서 그리고 싶은 걸 마음대로 그려보라고 했다. 아무 주제도 없이, 아무것도 배우지 않은 상태에서 그림을 그려야 한다는 사실이 막막하고 힘들었다. 선생님이 내 미술 실력을 가늠해보기 위해 흰 도화지를 주었다는 사실은 나중에 커서 알게 된 일이다.

성인 독서미술 수업을 할 때 내가 어머니들에게 꼭 얘기하는 것이 있다. "상상력은 흰 도화지에서 나오지 않습니다"라는 말이 그것이다. 흰 도화지를 펼쳐놓는다고 해서 상상력이 억지로 솟아날 수는 없다는 이야기다. 도화지가 없어도 상상력은 얼마든지 우리 머릿속에서 펼쳐질 수 있다.

우리가 그림을 배우고 가르치는 이유는 상상력을 배우기 위해서가 아니라 막막함을 없애기 위해서다. 상상력은 누구나 타고나는 재능이다. 다만 그 상상력을 표현할 때 느끼는 막연한 두려움이 우리를 가로막는다. 그림 교육의 목적은 바로 그 두려움을 걷어내고, 숨어 있는 상상력을 현실로 이끌어내는 데에 있다.

아이들이 길게 늘어뜨린 머리를 상상하고 표현하고 싶은데, 땋은 머리를 그리는 법을 몰랐다면 어땠을까?

내가 생각하는 창의력은 우리가 저마다 타고난 능력과 소질에 각자의 개성을 덧붙여 풍성한 이야기를 만드는 과정이다. 아무것도 없는 상태에서 창의력이 갑자기 솟아날 수는 없다. 상상력을 표현할 수 있는 도구가 그림이라면 표현하는 법을 알아야 더 많은 것을 자유롭게 드러낼 수 있다. 상상력은 그림으로만 그려지는 것이 아니어서 그 형식은 무궁무진하다. 중요한 것은, 내 안에 있는 상상력이 마르지 않도록 하는 일이다. 특히, 아이들에게 상상의 샘물이 마르지 않도록 해주어야 한다. 이를 위해서는 책을 읽어도 좋고, 영화를 봐도 좋고, 박물관이나 도서관, 전시회 등의 다양한 장소를 방문해도 좋다. 활동을 한 뒤에는 기록으로 남기는 것을 추천한다. 읽은 책을 독서 노트에 한 줄로 쓸 수도 있고, 긴 감상문으로 기록해도 좋다. 독후 감상화, 편지, 일기 등 다양한 방법으로 기록할 수 있다. 내가 상상하고 있는 것을 누구는 글로, 누구는 그림으로 또 다른 누구는 춤으로 표현할 수 있다. 표현하는 기본을 우리는 배우고 습득해야만 한다.

아이들의 상상력에 귀 기울여주기
...

수진이의 엉뚱한 이야기를 진심으로 들어주는 연희와 민지처럼 또래 친구들이 있다면 아이들의 상상력과 창의력은 더욱 확장되고 폭발한다. 부모와 선생님 등 주변 어른들의 귀 기울임도 매우 중요하다. 우리 아이들이 조금은 엉뚱한 이야기를 하고 이치나 논리에 안 맞는 이야기를 한다고 해서 "그런 말이 어디 있어?"라며 면박을 주거나 "말도 안 되는 소리"라고 한다면 아이들은 어떻게 될까? 아마 앞으로는 의사 표현을 하지 않을 것이다. 그리고 계속 반복된다면, 상상의 샘물은 마르게 될 수밖에 없다. 아이들은 더 이상 상상을 표현하지 않고 생각으로만 그치다가, 상상의 확장을 멈추게 된다.

일상의 사소한 즐거움에서 기발한 사건을 만들어내는 상상력을 우리는 기록해야 한다. 실제로 난 수업하면서 만나는 아이들에게 엉뚱한 상상력을 무조건 기록하라고 얘기해준다. 앞서서 얘기한 것처럼 글로 기록해도 좋고, 스케치 형식으로 기록해도 좋다. 그게 힘들다면 얘기하는 것을 녹음하는 것도 한 방법이다. 그리고 어떤 형식이든 아이가 자신의 생각을 꺼냈을 때, 부모는 그것을 귀 기울여 듣고, 상상력이 풍선처럼 더 커질 수 있도록 따뜻하게 부풀려 주어야 한다. 이런 시간이 쌓이면, 아이는 자연스럽게 친구들의 이야기를 주의 깊게 듣고, 상대방의 생각을 존중하는 태도를 배우게 된다. 경청은 상대를 존중하고, 내 자존감을 키우며, 우리 아이가 '함께' 살아가는 내일을 준비하는 힘이 된다.

북 큐레이션_ 우리 상상력, 더 크게 크게

《팥빙수의 전설》(이지은, 웅진주니어, 2019)

《알사탕 제조법》(백희나, 스토리보울, 2024)

《수박 수영장》(안녕달, 창비, 2023)

《요셉의 작고 낡은 오버코트가》(심스 태백, 김정희옮김, 베틀북, 2000)

《괄호 열고 괄호 닫고》(김성민 글, 변예슬 그림, 길벗어린이, 2020)

tip 활동 제안_ 경청하는 힘을 기르는 데 좋은 가족 활동

가족끼리 일주일에 한 번, 또는 2주에 한 번 다 같이 모여 서로의 이야기를 듣는 시간을 갖는다. '모임의 이름'도 공모해서 정한다. '패밀리 치킨 데이'도 좋고 '가족 수다회'도 좋다. 모임에서 나눌 주제는 그때그때 상의해서 정한다. 규칙은 단 하나, 서로의 이야기를 '잘' 들어주고 '응원'해주는 것.

내가 이 모임을 권유했던 한 가족은 가족끼리 서운했던 일이나 서로 말하고 싶었지만 기회가 없어 못 했던 이야기를 나눈다고 했다. 처음에는 서로 서먹해서 마음을 털어놓기까지 시간이 좀 걸렸지만, 지금은 익숙해져서 누군가가 서운한 일이 생기면, 당장 가족 모임을 개최하자고 '적극적으로' 제안하기까지 한다고.

이 모임이 주는 가장 큰 장점은 '경청'을 경험하고 또 배울 수 있다는 점이다. 상대의 말에 귀를 기울이는 일이 귀한 지금, '경청하는 힘'은 아이들이나 어른 모두에게 세상과 어울려 잘 살아가는 법을 알려줄 것이다.

잠들기 전에 만나요:
《달 샤베트》

이 세상 엄마들의 전쟁, '잠투정'

...

아이를 키울 때 가장 신경 쓰이고 힘든 경험은 무엇일까? 가정마다 조금씩 사정은 다르겠지만, 공통된 한 가지를 꼽자면 아마도 '수면 습관 들이기'일 것이다. 갓난아기 때는 잘 자던 아이가 백일이 지나 6개월에 접어들면 '잠투정'을 하기 시작한다. 그리고 이때부터 아이를 재우기 위한 엄마들의 고군분투가 시작된다.

'수면 습관'은 아이마다 천차만별이라서 잠들 때까지 두세 시간을 업고 달래야 하는 아이가 있는가 하면 일정한 시각만 되면 약속이나 한 듯 금세 잠드는 아이도 있다. 우리 아이도 첫돌까지는 재우기가 매우 힘들었다. 아무리 어르고 달래고 자장가를 불러주어도 꼭 1시간은 보채며 울고 나서야 잠이 들었다. 나는 아이가 울 때마다 나도 어린아이 같은 마음이 되어 우리 엄마를 생각하면서 같이 울기도 했다. 매일 그렇게 전쟁을 치르다 보니 나중에는 아이를 업고 벽에 머리를 기대 졸기도 했다.

첫돌이 지나고 아이가 말귀를 알아듣기 시작하면, 엄마들은 이제 '잠자리에 드는 시간'을 두고 아이와 두 번째 전쟁을 치르게 된다. 더 놀겠다고 떼쓰며 버티는 아이와 정해진 취침 시각을 지키려는 엄마 사이에 또 한 번의 전투가 벌어지는 것이다.

이때 엄마들은 협상을 하기도 하는데, 가장 많이 쓰이는 카드가 바로 그림책 '○○권 읽어주면 잠자리에 들기'다. 젊은 세대 엄마들 중에는 스마트폰 앱으로 영상을 틀어주거나 동화 구연 유튜브 등을 틀어주기도 한다지만, 그래도 가장 고전적이면서도 효과적인 '잠자리 파트너'로 양육자가 읽어주는 그림책만 한 게 없다. 게다가 잠자리에 들기 직전 아이들이 머릿속에 떠올리는 이야기 속 장면들은 잠자는 시간 동안 아이들의 상상력을 무한대로 확장시켜주는 역할을 맡는다. 자는 동안 아이들의 뇌가 동화 속 세계를 탐험한다고 생각해보자. 그것만으로도 얼마나 멋진 머릿속 향연이 일어날 것인가!

달콤 시원한 상상력의 《달 샤베트》로 '함께 사는 법'을 배운다

⋯

백희나 작가의 《달 샤베트》(백희나, 스토리보울, 2024)는 아이들의 잠자리 그림책으로 안성맞춤이다. 게다가 이 글을 쓰고 있는 8월 초, 폭염의 밤에는 더더욱 그렇다.

한여름 밤, '똑똑' 소리가 들려 밖을 내다보니 달이 녹아내리고 있다! 반장 할머니는 얼른 대야를 가져와 달 방울을 받아낸다. 그러곤 정전이 되어 에어컨과 선풍기가 멈춰 서버린 이웃들에게 달의 눈물로 만든 '얼음 달 샤베트'를 나누어준다. 그런데 그때 달이 녹아 살 곳을 잃은 달 토끼들이 찾아오고, 반장 할머니는 남은 달물로 달맞이꽃을 피워내 꽃 달을 저 먼 하늘에 새로 만들어준다.

제목부터 호기심을 잔뜩 불러일으키는 이 책은 냉방기를 가동한 채 창문을 꽁꽁 걸어 잠근 사람들과 그런 '불통' 때문에 혼자 열기를 감당해야 하는 뜨거운 달이 대비되면서 읽는 이들에게 서로 관계 맺고 소통하는 일이 얼마나 소중한지를 일깨워준다. 이웃들은 정전이 되자 노란 불빛이 새어 나오는 반장 할머니 집으로 삼삼오오 모여들었고, 달 샤베트를 나누어 먹으며 정전으로 놀란 마음을 진정시킨다. 그리고 마지막에 반장 할머니는 달을 잃은 토끼들에게 새 세상을 돌려준다. 작가는 사람들이란 모름지기 혼자만의 아파트에서 문을 꼭꼭 걸어 잠근 채 살 수는 없다는 것을 현명하고 지혜로운 반장 할머니를 통해 알려주는 듯하다. 달은 사람들의 갈증을 해소해주는 물이자 소통의 매개체이며, 새로운 것을 탄생시키는 마중물이다. 달 샤베트의 상상력이 달콤 시원함과 동시에 가슴이 따뜻해지는 이유가 여기에 있다.

밤은 변화와 창조가 일어나는 시간

밤은 이처럼 신비로움과 아늑함 그리고 고요함을 모두 갖춘 우리들의 안식처다. 밤은 곧 잠으로 이어지기에, 잠자리에 들기 전 책을 읽다 보면 때때로 책 내용이 계기가 되어 기발한 구상이 떠오르거나 책에서 받은 자극이 꿈으로 이어지는 경우가 많다. 이는 책 속 스토리가 우리 마음속 깊이 자리 잡아 꿈속에서 구현되는 것이다.

밤을 사랑한 예술가는 많다. 화가 빈센트 반 고흐는 밤하늘의 별을 화폭에 담아냈고, 헤르만 헤세는 밤의 고요함 속에서 글쓰기의 영감을 얻었다고 했다. 헤세의 작품에는 밤의 정서가 깊이 담겨 있는데 특히 산문집 《밤의 사색》(배명자 옮김, 반니, 2019)에서는 "자신의 몸과 사고를 지배하는 방법을 가장 잘 가르치는 스승이 바로 잠 못 이루는 밤"이라고 고백하면서 "누구의 방해도 받지 않고 생각에 잠기는 외로운 시간을 정적 속에서 보내본 사람만이 따뜻한 시선과 사랑으로 사물을 가늠하고 영혼의 바탕을 보고 인간적인 모든 약점을 관대하게 이해할 수 있다"고 썼다.

프란츠 카프카의 《변신》도 '밤'의 상징성이 드러난 대표적인 작품이다. 카프카에게 밤은 우리 내면의 변화를 이끌어내는 시간이 된다. '밤'은 그레고르에게 인간에서 벌레로 변신하는 시간이자 불안과 공포의 시간이며, 외부 세계로부터 차단당하는 소외의 시간이다. 이처럼 '밤'은 인간에게 매우 중요한 과정이자 다른 차원을 경험하는 중요한 단계다. 밤으로 이어지는 잠자리에서 읽어주는 '그림책'은 아이들에게 매우 중요하고 또 특별할 수밖에 없다.

밤이 무서운 아이에게
...

유독 밤을 무서워하는 아이들이 있다. 이런 성향 역시 아이마다 달라서 어떤 아이는 잘 자라는 인사만 하고 혼자서도 씩씩하게 잠드는가 하면, 어떤 아이는 잠이 들 때까지 보호자가 곁을 꼭 지켜주어야 한다.

아이들이 밤을 무서워하는 이유는 무엇일까? 가장 먼저, 밤에는 시야가 제한되어 주변 상황을 잘 파악하기 어렵다. 어두움으로 인해 위험해질지도 모른다는 막연한 불안감이 생긴다. 특히 아이가 혼자 자는 경우에는 자다 깼을 때 고립감을 느낀다든지, 낯선 소리나 예상치 못한 환경 변화에 놀랄 수 있어 밤을 점점 무서워한다.

경우에 따라서 잠자는 시간이 엄마와 떨어지는 시간이라고 생각하여 분리불안을 느낄 수 있다. 이럴 때는 혼자 자라고 다그치며 몰아붙이지 말고, 아이의 두렵고 외로운 마음을 읽어주는 게 우선이다.

내 경우, 아이가 밤을 무서워하면 잠들 때까지 곁을 지켜주며 잠자리에서 유쾌하게 웃을 수 있는 그림책을 골라 읽어주었다. 《개욕탕》(김유 글, 소복이 그림, 천개의바람, 2024), 《누가 내 머리에 똥쌌어》(베르너 홀츠바르트 글, 볼프 에를브루흐 그림, 노부영 옮김, 사계절, 2002), 《시끄럽고 잠버릇 별난 왕괴물들로 가득한 책》(리 호지킨슨, 노은정 옮김, 사파리, 2021) 같은 그림책이면 제격이다. 잠자리 책을 읽으면서 엄마와 같이 웃다 보면, 밤이 주는 무게에서 한결 가벼워질 수 있다. 그렇게 한바탕 웃은 뒤에 《잘 자요 달님》(마거릿 와이즈 브라운·클레먼트 허드, 이연선 옮김, 시공주니어, 2017) 같은 책으로 마음을 차분히 가라앉혀주면 아이들은 편안히 잠자리에 들 수 있다.

그림책으로 아이 마음을 말랑말랑하게 만져줄 때는 다음과 같은 말들도 천천히 들려준다.

"걱정하지 마. 네가 안전하게 잘 수 있도록 엄마가 잘 지켜줄게.

밤에는 우리가 볼 수 없는 재미있는 일들이 많이 일어나. 특히 꿈에서는 더 많이 일어나지. 밤은 또 우리 몸이 쉬면서 힘을 내는 신기한 시간이기도 해. 편안히 자면 내일 아침에 더 활력이 넘칠 거야.

밤에는 네가 좋아하는 장난감들도 쉬고 있어. 네가 편히 자기를 바랄 거야. 그러니 아무 걱정 말고 푹 자렴"

부모라면 아이의 마음을 먼저 헤아리고 공감하는 데 집중하는 일이 최우선이 되어야 한다. 그렇게 해서 아이가 안전함을 느끼고 편안한 밤을 보낼 수 있도록 이끌어주는 것이 우리가 아이에게 해줄 수 있는 최고이자 최선의 '수면 습관'일 것이다.

잠과 이야기가 만났을 때
...

잠들기 전 만나는 편안하고 따뜻한 이야기는 규칙적인 수면 패턴을 유지하고 이완 활동에 충분한 도움을 준다. 또한 아이들에게 다음과 같은 선한 영향력도 준다.

첫째, 긍정적인 마음을 갖게 한다.

아이의 상상력과 창의력을 자극하며 편안한 수면을 돕는 역할을 하고 하루 동안 있었던 좋은 일, 감사한 일들을 떠올리며 하루를 정리하는 데 도움을 준다. 긍정적인 마음을 갖는 데 도움을 주는 책들로는 옛날이야기, 동화, 민담 등 다양한 장르의 이야기가 좋다. 이들 동화책은 전통문화와 가치관을 전달하는 효과가 있고, 부모와 아이가 함께 듣고 공감할 수 있는 내용으로 채워졌기에 유대감 형성에도 도움을 준다.

둘째, 자신의 장점과 강점을 인정하고 격려하게 만든다.
그림책 읽기는 잠들기 전 아이들의 마음을 활성화시켜 상상력과 창의력을 자극한다. 이는 새로운 아이디어와 영감을 얻는 데 도움을 준다. 책에서 지식과 정보를 얻을 수도 있는데, 잠들기 전에 얻은 지식은 잠자는 램수면 동안 장기 기억에 저장되어 아이들의 지적인 성장과 발달에도 도움이 될 수 있다.

셋째, 마음을 정돈하고 편안한 휴식을 취하게 해준다.
독서는 마음을 안정시키고 긴장을 풀어주어 더 편안한 수면을 취할 수 있게 해준다. 책 속 등장인물의 감정에 공감하며 오늘 있었던 일을 정리하고, 내일 해야 할 일들을 머릿속에 그려보며, 걱정되는 일은 적절한 해결책을 찾도록 도와준다. 또한 마음이 정돈되면 감정을 이해하고 조절하는 데에도 도움이 된다. 깊은 호흡으로 긴장을 풀어주며 내일 다가올 새로운 하루를 기대하며 잠자리에 들 수 있다. 내일 기대되는 일이나 즐거운 계획을 생각하며 잠들면 편안한 수면과 함께 내일을 준비할 수 있다.

 북 큐레이션_ 밤의 전사들을 위한 그림책

《시끄럽고 잠버릇 별난 왕괴물들로 가득한 책》(리 호지킨슨, 노은정 옮김, 사파리 2021)
《새는 새는 나무 자고》(전래동요, 정순희 그림, 창비, 2006)
《달을 지키는 곰》(조시엔카 글, 서남희 옮김, 어린이작가정신, 2022)
《밤의 이야기》(키티 크라우더, 이유진 옮김, 책빛, 2019)
《잠이 오지 않는 밤에》(후안 무뇨스 테바르 글, 라몬 파리스 그림, 문주선 옮김, 모래알, 2019)
《달은 먹은 아기 고양이》(케빈 행크스, 맹주열 옮김, 비룡소, 2005)
《달케이크》(그레이스 린, 마술연필 옮김, 보물창고, 2019)
《잠이 안 와》(조경숙 글, 고순정 그림, 삼성출판사, 2014)
《별이 빛나는 밤》(지미 리아오, 한미숙 옮김, 천개의바람, 2022)
《밤산책》(이현지, 노란상상, 2023)
《달 내리는 밤》(정유진, 고래뱃속, 2023)

생각이 달라도 너무 달라:
《배고픈 거미와 행복한 코끼리》

코끼리랑 거미랑
...

어렸을 때 한 번쯤은 불러봤던 동요 '코끼리와 거미줄' 노래가 생각난다.

"한 마리 코끼리가 거미줄에 걸렸네. 신나게 그네를 탔다네. 너무너무 재미가 좋아 좋아 랄랄랄 다른 친구 코끼리를 불렀네. 두 마리 코끼리가 거미줄에 걸렸네……."

세 마리, 네 마리, 다섯 마리…… 그렇게 코끼리가 하나둘 늘어나더니, 다섯 마리째에서 결국 너무 많은 코끼리가 올라타 "그만그만 툭 하고 끊어졌대요"라고 끝나는 노래다.

노랫말이 재미있었던 건 반복되는 리듬감에 한 마리, 두 마리,

세 마리 늘어나는 코끼리와 상대적으로 말이 안 되게 얇은 거미줄의 대비에 있었다. 크게 따라 부르면서 아이들과 즐겼던 기억이 있다. 가사를 크게 신경 쓰지 않고 절로 흥얼거리지만, 잘 들여다보면 매우 재미있고 유쾌한 장면을 떠올리게 되는 동요다.

에릭 바튀 저자의 《배고픈 거미와 행복한 코끼리》(김영신 옮김, 빨간콩, 2020)는 '코끼리와 거미줄'의 기억을 떠올려주는 그림책이다. 그림책을 읽으며 내내 어릴 적 아이들과 불렀던 '코끼리와 거미줄'의 가사를 생각했다. 산책하다 거미줄을 발견한 코끼리가 내뱉은 "우와, 이 그네는 내 엉덩이에 딱 맞겠는걸!"이라는 말은 코끼리가 거미줄에 '걸려 그네를 탔다는 말'만큼이나 과장되고 유쾌한 상상력을 불러일으킨다. 역시 그림책 작가는 어린아이의 마음과 상상력을 지니고 있다고 생각한다.

나는 어렸을 때 거미줄을 실제로 보기 전까지는 거미줄이 아주 튼튼하고 단단한 것인 줄 알았다. 코끼리도 마찬가지다. 동물원에서 보는 코끼리는 항상 멀리서만 볼 수 있었기 때문에 실제 체감을 하지 못했다. 그런데 여행지에서 직접 코끼리 등에 올라타보니 알게 되었다. 이 동물의 단단한 등과 두꺼운 피부, 기둥 같은 다리가 얼마나 막강한지를 말이다.

거미와 코끼리의 유쾌한 동상이몽

...

《배고픈 거미와 행복한 코끼리》의 표지는 강렬하다. 손톱만 한 거미가 집채만 한 코끼리를 등에 짊어지고 (그것도 거꾸로!) 가는 모습이 대체 이게 뭐지? 하는 궁금증을 불러일으킨다. 그러나 곧 위에 적힌 제목 '배고픈 거미'를 보고는 짐작하게 된다. '설마…… 사냥한 거야?' 그림책의 내용이 정말 궁금해진다. 역시 에릭 바튀다운 그림이다 싶었다.

자기 엉덩이에 딱 맞는 그네를 발견한 코끼리는 좋아하며 흔들흔들 거미줄을 탄다. 그 모습을 본 거미는 맛있는 먹잇감이 걸렸다며 기뻐하고, 곧이어 코끼리를 묶어 집으로 간다. 그런데 이 상황을 이해하는 둘의 마음이 너무 유쾌하고 재미있다. 거미는 자기 먹잇감을 마련했다고 생각하는 반면, 코끼리는 걷지 않고 편안하게 여행하니 신난다고 말한다. 재료 손질하는 거미와 달리 목욕한다고 즐거워하는 코끼리, 올리브유를 발라 양념하는 거미와 일광욕을 즐기는 코끼리, 이윽고 접시에 담아 만찬을 즐기려는 순간, 드디어 깨지는 둘의 동상이몽까지. 그림책은 유쾌하고 발랄하며 엉뚱한 재미로 가득하다.

이 모든 것은 경계와 편견이 없기에 가능한 이야기다. 거미가 코끼리를 먹을 수 없다는 편견, 코끼리와 거미는 절대로 친구가 될 수 없을 거라는 편견 없이 행복 바이러스로 완성된 이야기다.

서로가 다른 생각을 가지고 있고 전혀 다른 생각을 하는 별난 모습들이 새로운 이야기를 만든다. 엉뚱하고 유쾌한 대비가, 바로 에릭 바튀 작품이 지닌 그림책의 힘이다.

경계와 편견 없이 바라보기
...

살아가면서 우리는 어느 장소, 어느 순간에서든 새로운 사람을 만나기 마련이다. 나와 비슷한 사람도 있고 나와 생각이 다른 사람도 있으며, 특이하게 요즘 말로 4차원적인 사람도 있다. 이때 경계와 편견 없이 새로운 사람을 바라보는 시선이 나의 시야와 영역을 넓힐 수 있다.

새롭게 만나는 사람들 중에는 어색함을 뚫고 남다른 친화력으로 다가오는 사람이 있는가 하면, 내가 먼저 호감을 느끼고 다가가고 싶은 사람도 있다. 이처럼 사람마다 관계를 맺는 속도가 다르고 성격과 성향이 다르다는 점만 인정하면 나와 다르다고 해서 굳이 경계할 필요는 없다. 넓은 세상으로 나아가 다양한 사람들을 만나게 될 아이들에게는 이러한 태도가 더욱 중요하다. 누군가의 말만 듣고 편견을 가진 채 사람을 대한다면, 소통이 어려워질 뿐 아니라 자신이 만날 수 있는 세상의 폭마저 스스로 좁히게 될 수 있기 때문이다.

타인의 의견보다 먼저 내가 바라보고 판단하는 모습이 중요하다. 사람들은 자신이 바라보는 대로 믿는 게 아니라 믿고 싶은 대로 본다는 말이 있듯이 내가 판단하는 이성(생각하고 판단하는 능력)을 통해 상대를 바라보는 것이 중요하다. 사람과 사람 사이에서는 더 많은 다양성이 연결되어야 한다. 편견 없이 다양한 타인과 연결되는 경험은 성장의 중요한 기회가 된다. 경계는 이처럼 꼭 낯선 만남이 필요한 타인과의 관계에서만 발생하는 일이 아니다. 가족끼리도 꽤나 자주, 특히 엄마와 아이 사이에서 생각의 차이가 자주 발생한다. 하나의 사물이나 상황을 두고 생각이 다르다는 이유만으로, 서로에게 편견을 갖거나 마음의 선을 긋지 않아야 한다.

그림책을 통한 조금은 엉뚱하지만 색다른 시각은 나의 사고방식에 여러 가지 긍정적인 변화를 가져온다. 상상력으로 이끌어낼 수 있는 사람들과의 상호작용은 사고방식을 확장하고, 새로운 관점으로 현실을 받아들이는 데 도움을 준다. 다양한 의견과 시각으로 편견을 없애는 것은 현대 사회에서 중요한 역량이며 이를 통해 더 나은 소통과 협력이 가능해진다. 이로 인해 크고 작은 의견충돌을 지혜롭게 해결해 나갈 수 있다. 상대의 입장을 이해하고 합리적으로 판단하면서 해결한다면 더 나은 관계를 형성할 수 있다.

아이들의 행복 바이러스를 위하여
• • •

사람과 사람의 관계에서 웃음은 가장 중요한 요소다. 첫인상에서도 말이나 인사보다 먼저 나를 보여주고 표현하는 방식이 바로 웃음이다. 혼자 있을 때는 특별한 이유 없이 웃는 경우가 드물지만, 때로는 가짜 웃음조차도 우리에게 긍정적인 효과를 가져온다. 행복함에서 나오는 진짜 웃음은 물론이고 가짜로 웃는 웃음 역시 뇌가 행복으로 받아들여 우리에게 긍정의 에너지를 준다. 어른들은 필요에 따라 가짜 웃음을 만들어내기도 하지만 어린아이들은 가짜 웃음에 대해 잘 모른다. 진짜 행복해야 웃고, 진짜 슬플 때 울기 때문이다. 그래서 나는 아이들의 웃음소리만 듣고 있어도 행복하다. 아이의 어린 시절 사진을 볼 때의 행복, 아이와 눈맞춤에서 오는 행복, 아이가 혼자 흥얼거리는 노랫소리에 난 행복을 느낀다. 아이들도 그럴까? '당연히' 그렇다.

엄마의 행복한 모습을 보고 아이들도 행복하게 자랄 수 있다. 부모의 책 읽는 모습을 보고 아이도 책을 읽는다는 얘기가 있듯이, 아이들은 부모의 모습을 보고 배운다. 아이들에게 행복한 모습, 긍정적인 모습을 보여주고 싶은 것은 모든 부모의 바람일 것이다. 아이들이 그늘 없이 자랄 수 있는 환경은 부모와 아이의 관계를 살리는 긍정의 힘에서 나온다.

나는 우리 아이들에게 '안 돼'라는 말을 하지 않고 키우려고 노력한다. 부정적인 말, 부정적인 사고를 하지 않기 위해서, 긍정의 힘으로 소통하며 아이와 나의 관계를 지키기 위한 노력이다. 아이들이 질문할 때 긍정의 대답을 해주자. 그러기 위해서는 내가 어느 순간에 행복하고 무엇 때문에 즐거움을 느끼는지 스스로 알아야 한다. 누구나 하나씩의 스트레스 해소법을 가지고 있는 것처럼 행복의 버튼을 가지고 있어야 한다. 그리고 아이들이 생각하는 순수함을 지켜줄 때 행복 바이러스가 생겨난다. 강렬한 불꽃에 터지는 폭죽처럼 슬픔도 이겨낼 수 있는 긍정의 힘을 기르자.

 북 큐레이션_ 경계와 편견을 깨뜨리는 그림책

《배고픈 거미》(강경수, 그림책공작소, 2017)
《임금님의 이사》 (보탄 아스요시, 김영순 옮김, 문학과지성사, 2017)
《마음버스》(김유 글, 소복이 그림, 천개의바람, 2023)
《닭들은 왜 담장을 쌓았을까》(장 프랑수아 뒤몽, 이주희 옮김, 봄봄출판사, 2012)
《오소리네 집 꽃밭》(권정생 글, 정승각 그림, 길벗어린이, 2014)
《내일의 동물원》(에릭 바튀, 박철화 옮김, 봄볕, 2019)
《내 마음의 소리》(조르지오 볼페 글, 파올로 프로이에티 그림, 봄의 정원, 2023)

4장

개성도 인성도 모두 너희들 것

더불어 살아요:
《사랑 사랑 사랑》

사랑이 뭐예요?
· · ·

"사랑이 뭐예요?"

이 질문은 세상에서 가장 어려우면서도 가장 다양한 답을 가져올 수 있는 물음일 것이다. 초등학교 아이들을 대상으로 그림책 수업을 할 때 나는 아이들에게 "사랑이 무엇일까?" 하는 질문을 자주 하는 편이다. 사랑이라는 단어야말로 아이들이 가장 많이 듣는 말이고, 또 자연스러운 대화를 이어갈 수 있는 질문이라고 생각하기 때문이다.

아이들이 가장 많이 하는 대답은 '누군가를 좋아하는 마음'이다. 대부분은 부모, 가족이라고 답하고 조금 큰 아이들은 친구를 얘기하기도 한다. "좋아하는 마음은 어떤 마음일까?"라고 물으면 아이들은 "걱정하는 마음, 생각하는 마음" 등이라고 답한다.

나는 유치원 때 처음 옆에 있던 짝꿍을 좋아했던 순간이 떠올랐다. 지금은 얼굴도 흐릿하고 이름도 기억하지 못하지만, 그 장면이 너무 사랑스러운 시간으로 떠오른다. 사랑은 이렇게 사람에게만 생기는 감정일까? 나는 어렸을 때 할머니 집에 있던 커다란 개도 사랑했고, 엄마가 처음 사준 양배추 인형도 사랑했다. 언니와 소꿉놀이하던 놀이터의 한쪽 구석도 사랑했고, 사촌 오빠들하고 딱지치기하던 할머니 집 근처의 골목도 사랑했다. 여고 시절 둘도 없이 소중했던 친구를 사랑했던 마음, 내게 세상에서 제일 맛있는 커피를 사준 동네 언니의 마음도 사랑한다. 누구나의 것이었던 바다도 사랑했고, 심지어 매일 올려다볼 수 있는 하늘도 사랑했다. 결혼을 한 지금은 딸들이 정말 사랑스럽다.

우리 딸은 멸치도 사랑했다. 딸아이가 어렸을 때 고추장멸치볶음을 태어나서 처음 먹은 날이었다. 너무 맛있었는지 빨간 멸치를 사랑한다고 해서 한참을 웃었다. 그 후로 며칠 동안 멸치만 먹었던 기억도 있다. 그때부터인지 먹는 데 별로 관심이 없는 나도 정말 맛있는 음식을 만나면 '사랑한다'고 말한다. 그렇게 말하면 음식이 더 맛있고 사랑스럽게 여겨진다. 맛있다는 표현보다 더한 표현을 하고 싶을 때, 좋아하는 것 이상의 감정을 표현하고 싶을 때 '사랑한다'고 말하는 것 같다.

사랑의 답을 직접 찾아보렴

...

《애너벨과 신기한 털실》(맥 바넷 글, 존 클라센 그림, 홍연미 옮김, 길벗어린이, 2013)로 잘 알려진 작가 맥 바넷의 또 다른 그림책 《사랑 사랑 사랑》(카슨 엘리스 그림, 김지은 옮김, 웅진주니어, 2021)은 '사랑'에 대해 질문한다.

"사랑이 뭐예요?"

소년이 할머니에게 묻자 할머니는 대답하기 어렵다고 말하며 "세상에 나가 보렴. 그러면 답을 찾을 수 있어"라고 답한다.

답을 찾기 위해 떠난 긴 여행에서 소년은 어부를 만난다. "사랑이 뭐예요?"라고 소년이 묻자 어부는 "사랑은 물고기란다"라고 답한다. 고양이는 '밤'이라고 답하고, 연극배우는 '박수갈채'가 사랑이라고 말한다. 하지만 소년은 배우가 답한 사랑을 이해하지 못한다. 연극이 끝나면 박수를 치던 관객들은 결국 집으로 떠나버리는데, 존재하지 않는 순간의 박수갈채를 사랑이라고 말하는 배우를 이해할 수 없었다. 그런가 하면 농부는 사랑이 씨앗이라고 말한다.

만나는 사람마다 사랑에 대한 답은 다 다르다. 스포츠카, 도넛, 도마뱀, 반지, 겨울의 첫눈, 여름의 단풍나무도 사랑이라고 말한다. 그들은 눈에 보이는 것을 사랑이라고 말하기도 하고, 자신이 소중하게 생각하고 자신에게 가치를 담은 것을 사랑이라고 답한다. 사랑은 대상도 다르고, 형태도 다 다르다. 하나하나 전부 다른 모양과 생김새를 가지고 있다.

소년은 사랑을 찾는 과정에서 성장하여 성인이 되어 집으로 돌아온다. 그냥 어린 시절의 집이 아닌, 소년을 사랑해주는 '사람'이 있는 집이다. 그리고 그 집은 내가 사랑하는 사람이 있는 곳이기도 하다.

할머니가 답을 찾았냐고 묻자 소년은 할머니를 꼭 안으며 "네"라고 답한다. 그림에서 보여주는 둘의 표정만으로도 답이 충분하다. 독자들에게 스스로 '사랑이 무엇일까?'라는 질문을 던지는 여운을 남긴다.

나의 사랑은

...

책의 뒤표지에는 이렇게 써 있다. "백인백색의 사랑 중에서 나만의 사랑을 찾아가는 이야기".

이처럼 사랑은 사람마다 그리고 상황마다 그 깊이와 폭이 다르다. 《사랑 사랑 사랑》의 그림책에서 소년은 어부, 연극배우, 고양이, 목수, 시인 등 다양한 사람을 만난다. 그들은 모두 자신이 바라고 원하는 것을 사랑이라 말한다.

사랑이 뭐냐고 초등학교 친구들에게 물어보면 대부분 머뭇거리고 한참을 생각한다. 비단 초등학생 뿐 아니라 어른, 아이 모두 마찬가지 반응일 것이다. 웃으면서 너무 오글거려서 답을 못하겠다는 친구도 있다. 하지만 시간을 주고 천천히 생각해보라고 하면 하나 둘 답하기 시작한다.

자신이 아끼는 것을 대가를 바라지 않고 주는 마음이 사랑이라고 말하는 친구. 그저 웃음이 나오는 마음이 사랑이라고 답하는 친구. 물건을 아끼는 것은 '좋아하는' 것이지만 사람을 아끼는 것은 '사랑하는' 것이라고 말하는 친구도 있다.

문득, 내가 생각하는 사랑은 무엇인지 생각해보았다. '자식을 향한 이타적인 사랑'이 가장 먼저 떠오른다. 모든 것이 내가 아닌 아이에게 집중되어 있고, 나보다 아이들을 먼저 생각하는 마음이 너무도 크다. 부모라면 누구나 이런 생각을 하는 게 당연할 것이다. 나를 위하기보다 아이를 위해 희생하지만, 대가를 바라지 않는 무한한 사랑을 주는 게 부모의 사랑이라고 생각한다.

부모인 나에게 질문한다. '나를 돌보기에 앞서 딸들만 생각하다가 지치면 어떻게 하지?', '내가 다른 일에 기운을 다 소진해버리면 우리 아이들은 누가 돌보지?' 이런 의문이 들면서 덜컥 겁이 났다. 나는 나를 먼저 사랑해보기로 했다.

나를 사랑하기 위한 질문들

...

자신을 사랑하고 스스로가 행복해야 주위 사람도 챙기고 사랑할 수 있는 마음을 가질 수 있다. 누구나 다 알고 있는 사실이다.

하루에 한 가지씩 '나를 사랑하는 마음'을 발견하는 연습을 하면 어떨까? 내가 만난 사람, 내가 먹은 음식, 나의 물건들을 사랑해주자. 내가 무엇을 좋아하고 어떤 느낌을 가지고 있는지에 대해서 생각해보는 시간이 잠시라도 있다면 좋겠다. 좋았던 일들이나 싫었던 감정을 생각해보고 메모를 해도 좋다. 그때마다 왜 그랬는지, 왜 그런 감정이 들었는지 질문을 던져보고 생각하고 답하는 것도 좋다.

아이들은 끊임없이 질문한다. 왜요? 어째서요? 그래서요? 그때마다 우리는 차근차근 답을 해주려고 노력한다. 하지만 때론 할머니처럼 "왜 그럴까?"라고 반문하면서 아이 스스로 답을 찾을 시간을 주는 것이 필요하다.

사랑이 뭐냐는 질문을 던지는 지금, 우리는 사랑에 대해 답을 찾았을 것이다. 찾지 못했다면 사랑이 뭐냐고 묻는 순간 "나 자신을 위하는 마음"이라고 대답해주자. 우리에게 사랑은 가까이에 있다. 나를 먼저 사랑하고 아이와 가족을 사랑하자. 자신을 위해서라면 때론 이기적인 사랑을 선택해도 괜찮다. 사랑은 맥바넷의 이야기에서처럼 '폭넓고, 다채로우며, 각양각색'이니까.

북 큐레이션_ '사랑'에 대한 마음을 나누기 좋은 글

《사랑한다는 걸 어떻게 알까요?》(린 펜덴베르흐 글, 카티예 페르메이레 그림, 지명숙 옮김, 고래이야기, 2023)

《버찌 잼 토스트》(문지나, 북극곰, 2020)

《사랑을 주면 줄수록》(마시 캠벨 글, 프란체스카 산나 그림, 김지은 옮김, 미디어창비, 2023)

《사랑의 모양》(다비드 칼리 글, 모니카 바렝고 그림, 박서영·정원정 옮김, 오후의 소묘, 2022)

《사랑하는 당신》(고은경 글, 이명환 그림, 곰세마리, 2020)

《내가 기억할게요》(글레어 헬렌 웰시 글, 애슬링 린지 그림, 신대리라 옮김, dodo, 2023)

《쿠키 한 입의 사랑 수업》(에이미 크루즈 로젠탈 글, 제인 다이어 그림, 최현경 옮김, 책읽는곰, 2010)

《엄마를 산책시키는 방법》(클로딘 오브륑 글, 보비+보비 그림, 이정주 옮김, 씨드북, 2015)

행복도 꿈도 여행도 모두 개성개성:
《무무 씨의 달그네》

질문 먼저 하고 시작한 책 읽기
...

나는 책을 뒤에서부터 보는 이상한 버릇을 가지고 있다. 정확히 말하면 책을 뒤에서부터 읽어내는 것이 아니라 책의 앞표지 다음으로 뒤표지를 먼저 본다고 해야 맞을 것이다. 이 책《무무 씨의 달그네》(고정순, 달그림, 2021)의 뒤표지에 있는 질문은 망설임 없이 책을 펼치기에 충분했다.

"여행객들은 모두 행복한 꿈을 꾸며 달로 떠나. 그들은 행복을 찾았을까?"

뒤표지 글을 읽자마자 궁금증이 들었다. '행복을 찾으러 달로 떠난다고? 왜? 누가? 어째서 달이지?' 하는 궁금증 말이다. 어른인 나조차도 호기심에 불을 댕기게 했던 이 궁금증이 아이들에게는 더 배가 된다.

독서 수업을 할 때 학생들에게 먼저 질문을 던진다.

"친구들은 어떤 꿈을 꾸면서 달로 떠나고 싶어? 달로 여행을 떠나면 무엇이 좋을까?"

아이들은 여러 가지 답을 쏟아낸다. 신기한 것은, 아이들의 답변이 모두 제각각인 데다 저마다 개성과 기질, 성향이 묻어난다는 것이다.

계수나무에 달 토끼가 이미 살고 있으니 달 토끼를 만나러 가겠다는 친구가 있는가 하면, 지구에서 달까지 얼마나 먼데 그렇게 간단히 여행지로 선택하느냐는 '현실답'을 하는 친구도 있고, 달로 여행을 가려면 우주비행사처럼 자격증이 필요하니 당장 우주 훈련을 받아야 한다고 답하는 친구도 있다. 아이가 100명이면 궁금증도 100개, 대답도 100개. 그 현장이 너무 재미있고 또 즐거웠던 기억이 있다.

아이가 100이면 대답도 100개

...

《무무 씨의 달그네》를 읽고 아이들과 이야기를 나누면, 아이들이 행복이라는 단어보다는 여행이라는 단어에 더 크게 반응하는 것을 알 수 있다. 그래서 자신들의 여행 체험을 이야기하곤 하는데, 이때는 다시 책 속으로 아이들의 호기심을 끌고 들어와야 한다. 나는 주로 무무 씨와 함께 등장하는 동물 친구들 이야기를 꺼내면서 아이들의 관심을 돌린다. 그리고 '행복'의 의미와, 나아가 그것을 찾아 떠난다는 것의 의미를 생각하도록 하는 데 주의를 기울인다.

구둣방을 하는 무무 씨에게는 답답하고 숨 막히는 지구를 벗어나 달로 가고 싶어 하는 동물 친구들이 찾아온다. 짐을 꾸리고 달로 여행을 떠나기 전, 구두를 닦기 위해서다. 구둣방을 찾는 친구들에겐 저마다 사연이 있다.

거대한 가방의 크기와는 달리, 필요한 것만 챙겼다며 킥보드를 타고 등장한 달풍 씨. 많은 짐에 눌려 있지만 달에 간다는 설렘으로 미소를 짓는 달풍 씨가 귀여워 한참을 바라보았다.

나는 이 장을 읽을 때 아이들에게, 만약 달로 떠난다면 무엇을 챙기고 싶은지 묻는다. 달에 가고 싶은 이유가 천차만별이듯, 가져가고 싶은 것도 십인십색이다. 마실 물과 식량, 산소 같은, 정말 생존에 필요한 것을 가지고 가야 한다는 친구가 있는가 하면, 달풍 씨의 가방에 든 리코더처럼 정말 자신에게 소중한 한 가지를 조금은 부끄럽게 이야기하는 친구도 있다. 아이가 100명이면 대답도 100개가 이 장에서도 마찬가지로 펼쳐진다.

어느 날 낯선 여행객이 무무 씨에게 화분을 맡기면서 달에 가고 싶지 않냐고 묻는다. 무무 씨는 달그림자가 내려앉는 고요한 강을 좋아한다고, 조용히 웃기만 했다.

행복은 '찾는' 게 아니라 '향하는' 것
...

무무 씨의 친한 친구 용용이마저 달로 떠난다며 무무 씨를 찾아왔을 때, 용용이는 무무 씨에게 묻는다.

"무무, 예전부터 궁금했는데 달을 그리 좋아하면서 왜 달에 가지 않는 거야?"

무무 씨는 "달에 가면 달을 볼 수 없잖아"라고 말해주고 싶었지만, 용용이가 돌아오면 해주리라 생각하고 애써 말을 참는다. 무무 씨는 어쩌면 그들이 다시 꼭 돌아올 거라고 믿고 있는 것이 아닐까?

달은 누구도 가본 적이 없어 숱한 소문만이 가득할 뿐이다. 바다의 눈부심도 바람의 냄새도 산의 깊이도 알 수 없다. 무무 씨는 이제 달이 잘 보이는 곳에 그네를 만들고 달을 본다. 그네가 흔들릴 때마다 달라 보이는 달을 보며 힘든 일상을 위로받고, 때로는 그네처럼 흔들리는 감정, 생각, 기억과 그리운 마음을 담아 친구에게 편지를 쓴다.

"여행객들은 모두 행복한 꿈을 꾸며 달로 떠나. 그들은 그곳에서 행복을 찾았을까?"

행복은 어디에 있는 것일까? 그들은 달에 도착해 정말 행복할 수도 있지만 누군가는 꼭 다시 그리움을 가지고 돌아올 것이라고 무무 씨는 믿었을 것이다. 아니면 누군가는 달에 도착하자마자 곧 다른 행복을 찾았을지도 모른다. 작가는 이 책에서 행복은 스스로 결정하고 선택하는 것이라는 마음을 전한다. 새로운 환경이나 이상적인 꿈 같은 것이 내 행복을 결정해주는 게 아니라, 지금 내가 충분히 찾을 수 있고 또 찾아야 하는 것이 행복임을 말해준다. 행복은 행복을 줄 수 있는 한 줄의 글귀에서 찾아야 하는 답일 수도 있다. 또는 달그네와 같은 사소한 나만의 공간에서 뜻하지 않게 얻을 수 있는 답일 수도 있다.

달그네를 만들어 좋아하는 달을 바라보는 무무 씨처럼, 멀리서 바라보면서 나만의 달을 천천히 찾는 일도 매우 중요하다. 작가는 꿈을 선택하는 과정과 결정을 할 때 한 가지 방향만 생각하지 말 것을 강조한다.

나만의 달을 천천히 찾는 일은 매우 중요하다. 달을 찾거나 달에 방문하는 일은, 우리가 살아가는 내내 스스로에게 던져야 하는 질문이자 과제다. 아이들의 행복도, 아이들의 꿈도 저마다의 방식으로 찾아야 한다는 사실을 잊어서는 안 된다.

행복을 찾는 온전한 시간을 주자

• • •

나만의 공간에서 온전히 나 자신과 마주하는 시간이야말로 진정한 행복을 찾는 순간이다. 사람들이 흔히 하는 요가, 명상, 독서가 그 대표적인 시간일 텐데, 아이들에게 단 몇 분이라도 매일 책을 읽게 한다면 그것은 곧 자신만의 완벽한 시간을 경험하게 해주는 결과를 가져올 것이다.

아이들에게 달그네와 같은 공간을 만들어, 가보지 않은 곳을 경험하고 나를 사랑할 수 있는 시간을 주는 것이 중요하다. 나만의 공간에서 책을 통해 새로운 감정을 경험하게 된다면 나를 아름답게 해줄 고유한 색을 찾는 데 분명 커다란 힘이 될 것이다.

엄마에게도 개별적인 시간은 필요하다. 사랑하는 시간 사이에는 분명 바라보는 거리가 필요하고, 그 거리만큼 우린 서로에 대해 생각할 수 있는 여유를 가지게 된다. 사랑하는 달을 지켜보며 우리 아이의 성장을 기다리는 시간, 그 시간이 분명 엄마와 아이의 행복을 찾아가는 지혜로운 시선, 혜안이 되어줄 것이다.

tip 활동 제안_ 무무 씨가 되어 묻고 기록으로 남겨두자

책을 읽고 난 뒤 아이에게 물어보자. 형제, 자매, 남매 등이라면 아이마다 다른 개성 있는 답변을 들을 수 있을 것이다.

Q1. 만약 네가 무무 씨의 구둣방에 간다면 무엇을 싸가지고 갈래? 그 짐을 싼 이유는?
Q2. 달에 가서 가장 먼저 하고 싶은 일이 있다면?
Q3. 달에 단 둘이 갈 수 있다면 누구와 달 여행을 하고 싶어?
Q4. 네가 무무 씨라면 돌아온 용용이에게 어떤 질문을 먼저 할래?
Q5. 용용이는 무무에게 무슨 이야기를 해주었을 것 같아?
Q6. 혼자 있는 온전한 공간을 만든다면 어떤 장소가 좋을까? 그 공간을 어떻게 만들고 싶지?

아이들의 답변은 아마 아이들의 성격마다 다르게 나올 것이다. 엄마나 양육자는 이 아이들의 답변을 잘 적어두었다가, 아이들의 성장 기록으로 남기면 훗날 아주 재미난 추억과 이야깃거리가 될 수 있다.

'제대로 본다'는 것의 의미:
《나와 스크러피, 그리고 바다》

나에게 재능기부란
...

나는 10년 넘게 아이들과 성인을 대상으로 독서 수업을 하고 있다. 첫 독서 수업은 우리 아이가 다니는 초등학교에서 재능기부의 형태로 시작되었다. 처음 만난 낯선 아이들에게 느껴지던 힘찬 에너지와 반짝반짝했던 눈빛이 지금까지 나를 게으름 없는 선생님으로 만들어주고 있다.

누군가는 이제 재능기부는 할 만큼 했으니 그만하고 수입이 되는 일에만 집중해야 하는 거 아니냐고 권하고, 누군가는 재능기부를 하기엔 너무 하는 일이 많지 않냐며 차라리 그 시간에 휴식을 취하라고 걱정해주기도 한다. 무엇보다, 힘들게 왜 재능기부를 하는가를 묻는 사람이 너무 많다. 그때 나는 웃으면서 질문에 질문으로 답을 한다.

"왜 재능기부를 하는 것일까요?"

재능기부를 하게 되는 이유는 단순하다. 아이들이 내 수업을 '바라고 있기' 때문이다. 수업이 끝나는 날이면 어김없이 다음 수업은 언제 하냐고 묻는 아이들이 있어서 너무 기쁘다. 이상하게도 문화센터, 학교, 도서관, 교육기관 등 많은 곳에서 강의를 하지만 재능기부로 진행하는 수업의 출석률이 제일 좋고 수업도 가장 활기차다.

수업을 원하는 아이들은 정말 열심히 참여하고, 수업에 보내는 부모님들도 편안한 마음으로 보내는 것 같다. 어쩌면, 경제적 부담 없이 보내는 수업이라 부모님들도 좀 더 자유로운 것일까? 많은 부모님들이 아이들에게 "열심히 해"라는 말보다 "즐겁게 다녀와. 친구들하고 잘 놀다 와"라고 말하는 것을 듣는다.

나 역시 사람인지라 '부담감'이 덜한 것도 맞다. 내가 기부를 하는 위치에 있어서가 아니라 이 자리에 온 목적이 '온전히' 아이들과 만나고 싶어서 온 것이기 때문이다. 가능하다면 내가 하는 모든 수업 시간을 온전히 아이들과 즐기는 방식으로 진행하고 싶지만, 현실적으로 불가능하기에 재능기부를 위한 수업 시간이 내겐 각별한 의미를 지닌다.

그러나 모든 수업에서 내게 가장 소중한 가치를 주는 순간은 내가 읽어주는 그림책을 반짝거리는 눈으로 집중하는 아이들의 모습이다. 빛나는 아이들의 눈을 '제대로' 볼 수 있었던 기회를, 재능기부가 아니었다면 어떻게 맞이할 수 있었을까? 이것은 그 어떤 것과도 바꿀 수 없는, 내 직업이 주는 최고의 선물이다.

눈을 크게 뜨면 비로소 보이는 것들
...

아이들이 좋아하는 그림책 중 단연 앤서니 브라운의 그림책을 빼놓을 수가 없다. 최근에 출간한 《나와 스크러피, 그리고 바다》(장미란 옮긴, 웅진주니어, 2023)는 아이들의 눈높이에 맞는 인물들과 강아지, 친숙한 바닷가의 풍경이 인상 깊은 책이다.

강아지 스크러피는 대니와 함께 놀고 싶어 하지만 대니는 스크러피가 아닌 마이크 형과 놀고 싶어 한다. 하지만 마이크 형은 대니가 아니라 친구들과 놀러 나가고 없었다. 엄마는 대니에게 스크러피와 바닷가라도 산책하고 오라고 권하지만 대니는 바닷가는 재미없다며, 만날 똑같다며 투덜거린다.

"그렇지 않을걸. 눈을 크게 뜨고 잘 보렴. 뭐가 있을지 어떻게 알겠니?"

마지못해 집을 나선 대니와 달리 바닷가를 세상에서 가장 좋은 곳이라고 생각하는 스크러피는 신나서 어쩔 줄 몰라 한다. 대니는 모래사장에서 그동안 보지 못했던 것들을 보게 된다. 신기하게 얼굴처럼 생긴 조약돌이 있는가 하면 발바닥 모양, 거북이 등딱지, 입술, 자동차, 새 등 자세히 들여다보니 모두 무언가를 닮은 모습이다!

또다시 한참을 스크러피와 모래사장을 거닐던 대니는 사람들이 우르르 몰려 먼 바다를 향해 손을 흔드는 모습을 보았다. 무슨 일인지 궁금했다. 알고 보니, 바다 저 멀리에서 손을 들고 있는 사람의 모습이 보였다. 왜 멀리서 저렇게 손을 흔드는 것일까? 자세히 살펴보니 그 사람은 손을 흔드는 것이 아니라 물에 빠져 도움을 요청하는 것이었다. 대니는 발을 동동 굴렀다.

'이럴 때 형이 있었다면 어떻게 해야 할지 알 텐데'라고 생각하다가 대니는 스크러피에게 도움을 요청한다.

"스크러피, 데려와! 데려다줘!"

스크러피가 수영해서 가기엔 먼 거리였지만 스크러피는 헤엄치고 또 헤엄쳐 갔다. 대니는 스크러피가 너무 멀리 갔다고 생각해 그만 돌아왔으면 하고 바랐지만, 스크러피는 계속 먼 바다로 나갔다. 과연 스크러피, 그리고 먼 바다에서 손을 흔들던 존재는 어떻게 되었을까!

세상에 힘 없는 존재는 없다

...

앤서니 브라운은 '자세히 보았을 때' 일어나는 일을 극적인 사건과 결말을 통해 독자에게 전달한다. 먼 바다에서 조난당해 손을 허우적거리는 사람을 바닷가에 모인 사람들은 그저 자기들과 같이 환호성의 손짓을 하는 사람이라고 착각하고는 자리를 뜬다. 오로지 대니만이 '눈을 크게 뜨고 잘 본' 덕분에 그 사람의 위기를 발견한다. 그리고 대니의 발견은, 대니와 스크러피에게 평생 잊지 못할 기억을 남긴다.

더불어 작가는 문제가 발생했을 때 아무리 작은 존재라도 그 안에 문제를 해결할 '힘'을 가지고 있음을 말해준다. 우리는 흔히 강아지나 어린 동생을 약하고 힘없는 존재로 여기고는 별다른 도움을 요청하려고 하지 않는다. 하지만 앤서니 브라운은 이 그림책을 통해 힘없는 강아지와 어린 동생이 문제를 해결하는 과정을 보여준다. 우리가 생각하는 약자에게도 커다란 힘이 있다는 것을 이야기한다.

《나와 스크러피, 그리고 바다》는 대니의 기분과 마음 상태에 따라 변하는 하늘의 색과 구름 모양, 시시각각 변하는 바다를 감상하기 제격이다. 책의 주제에 맞게, '자세히 바라보면' 장마다 다른 색과 다른 그림이 펼쳐진다. 자세히 바라보면 새로운 것을 볼 수 있고 이전과는 다른 것들을 알게 된다. 진심을 담은 마음이 도움을 필요로 하는 이들에게 보탬을 줄 수 있고, 때론 그 도움의 힘이 기적 같은 일을 만들어낼 수 있다.

그림책은 우리가 삶에서 가져가야 할 중요한 가치와 지켜야 할 신념이 무엇인지 생각하는 시간을 준다. 더불어 '자세히 또 제대로 보았을 때' 우리가 삶에서 가져갈 수 있는 의미와 가치가 훨씬 풍성해진다는 것을 대니의 바닷가 산책 이야기로 흥미진진하게 전해준다.

제대로 보았을 때 새로운 세상을 만난다
...

똑같은 일이나 사건을 보고도 이를 해석하는 사람들의 말은 제각각인 경우를 살면서 많이 경험한다. 횡단보도에서 사고가 났을 때 목격자가 여럿일 경우 진술이 제각각이어서 경찰들이 애를 먹는다는 이야기를 들은 적이 있을 것이다. 인지심리학에서는 이를 '거짓 기억(누군가가 실제로 일어나지 않은 일을 회상하거나 실제로 일어난 방식과 다르게 회상하는 현상)'이라고 부른다. 이렇듯 우리의 뇌는 완벽하지 않다. 각색하기도 좋아하며, 각자의 주관과 편견에 따라 똑같은 정보를 달리 저장하기도 한다. 대니와 함께 바닷가에서 물에 빠진 사람에게 손을 흔들던 사람들처럼 말이다.

자세히 보고 크게 보라는 대니 어머니의 조언은 이 책을 관통

하는 중요한 핵심 주제다. 자세히, 제대로 보았을 때 우리는 새로운 세상을 만나고 새로운 사실을 깨닫게 된다. 새로운 경험을 쌓는 것이 성장의 과정이 된다. 앤서니 브라운은 자기 형을 생각하며 그림책을 썼다고 한다. 작가의 기억 속에 저장된 형의 모습과 형과의 추억은, 어쩌면 앤서니 브라운이 새로운 세상을 보고 눈 뜨게 해준 계기가 되어주었을 것이다. 지금도 성장 중인 우리 아이들과 스스로 다 컸다고 자만하는 어른에게도, '제대로 보는 법'은 여전히 잊지 않고 살아야 할 삶의 덕목이 아닐까.

같은 의자라도 이야기가 다르듯 우리들도 다 달라요:
《곰씨의 의자》,《엄마의 의자》,《피터의 의자》

잘될 나무는 떡잎부터 다르지만, 그 떡잎은 제각각 다르다
...

"될성부른 나무는 떡잎부터 다르다"라는 속담이 있다. 잘 자랄 나무는 떡잎만 봐도 알 수 있다는 뜻이다. 자라서 크게 될 사람은 어린 시절부터 남다르게 보인다는 뜻이다. 그런데 어떻게 떡잎만 보고 알 수 있을까?

떡잎은 흙에 뿌려진 식물의 씨앗이 땅에 뿌리를 내리고 씨앗에 양분이 더해지면 나오는 '최초의 잎'이다. 떡잎이 나오면 영양분을 저장하고 전달하는 역할을 할 수 있기에 떡잎은 식물의 생존과 건강한 성장에 매우 중요하다. 떡잎이 건강하고 튼튼해야 식물이 무럭무럭 잘 자란다. 반면, 떡잎에 양분이 충분히 들어 있지 않으면 식물이 튼튼하게 성장할 수 없기에 장래에 크게 될 인물은 어릴 때부터 남다르다는 의미에서 이런 속담이 나왔다.

아이들의 성장도 식물과 같다. 씨앗이 발아하는 단계를 살펴보면 물을 흡수하고 변화의 시기를 거쳐 성장기에 접어드는데, 아이들도 마찬가지로 성장에 필요한 각종 양분을 흡수해야 변화의 시기를 거치고 건강하게 성장할 수 있다. 식물의 성장에는 물뿐 아니라 산소, 온도, 양분, 빛 등 다양한 요소가 필요하다. 아이들의 성장에도 다양한 요소가 필요한데, 이때의 양분은 물리적인 것뿐 아니라 정신적인 것도 포함된다. 수많은 책과 경험, 지식으로 성장의 폭을 넓혀주어야 하는 이유가 여기에 있다.

떡잎은 같은 초록 잎처럼 보이지만 제각각의 모양이 다르다. 또 식물에 따라 벼나 보리, 옥수수처럼 한 장이 나오는 '외떡잎식물'이 있고 민들레나 해바라기, 강낭콩처럼 두 장이 나오는 '쌍떡잎식물'이 있다. 이렇게 떡잎이 식물의 종류마다 다르고 생김새가 다르듯 우리 아이들도 마찬가지다. 똑같은 떡잎을 타고난 아이들은 '단 한 명도' 없다!

세상의 사물과 이치도 그렇지 않을까? 같은 현상과 사물을 보고도 누구는 A라고 느끼고, 누구는 B라고 느낀다. 정답이 있는 것이 아니다. 각자 다른 감성과 느낌을 타고났기에 그렇다. 여기 의자라는 '떡잎'을 가지고 각자 다르게 성장한 그림책의 주인공 이야기를 해보려 한다. 타고난 떡잎이 제각각이듯, 저마다 개성이 다른 작가가 표현해낸 '의자'의 상징은 우리가 아이들을 어떻게 대해야 하는지 잘 알려준다.

함께하는 것도 즐겁지만 자기만의 공간이 필요한 곰씨의 의자
...

노인경 작가의 《곰씨의 의자》(문학동네, 2016)는 요즘 유행하는 MBTI의 '극 I(내향형)'인 곰씨 이야기를 담고 있다. 자신의 의자에 앉아 혼자 시집을 읽고 차를 마시고 음악을 듣는 것을 즐겨하던 곰씨는 어느 날 앞을 지나던 토끼에게 쉬어 가라며 의자 한쪽을 내준다. 그때부터 시작된 토끼와의 인연. 곰씨는 자신과 달리 '외향적'이고 에너지 넘치는 토끼의 이야기에 매료되어 즐거운 시간을 보냈지만, 점점 예전의 '조용하고 평화롭던 자기만의 시간'을 그리워하게 된다.

토끼와 친구들을 싫어하는 것은 아니지만 고즈넉하게 즐기던 혼자만의 의자를 되찾고 싶었던 곰씨는 고심하다가 속마음을 전달하기로 한다. 함께 즐겁기 위해서는 솔직해질 용기가 필요하다고 결심했기 때문이다. 그런데 마음을 표현하는 일이 이토록 어려운 일일 줄이야! 결국 행동으로 불편함을 표현하려고 애써보지만(의자에 아무도 못 앉게 몸을 쭉 펴고 눕거나 한 자리만 남겨두고 페인트칠을 하거나 하면서) 이런 의도조차 제대로 전달되지 않는다. 결국 병이 나고 만 곰씨. 아프고 나서야 어쩔 수 없이 속마음을 솔직히 말한다. 용기 내어 이야기하고 나자 모든 관계가 편해진다. 노인경 작가는 살면서 마음을 제대로 전하는 일이 얼마나 중요하고 또 꼭 필요한 일인지를, '곰씨'를 통해 말해준다.

곰씨의 의자는 우리가 살아가면서 사람들과 맺어야 할 '관계'의 무대가 되는 동시에 곰씨 자신이 스스로를 위해 지키고 유지해야 하는 '고유성'의 무대가 되는 상징물이다. 작가는 우리가 올바른 관계를 맺기 위해서는 자기를 마냥 희생하고 참지 말고 솔직하게 용기를 내서 같이 행복할 수 있는 방법을 찾아야 한다고 강조한다. 이것이 곰씨의 의자가 우리에게 전하는 메시지다.

새로운 행복과 출발이 되는 엄마의 의자
...

베라 윌리엄스 작가의 《엄마의 의자》(최순희 옮김, 시공주니어, 1999)는 가족의 회복과 새로운 출발, 그리고 희망을 상징하는 그림책이다. 식당에서 일하는 엄마, 소녀, 그리고 할머니는 동전이 생기는 대로 유리병에 채워 넣는다.

세 가족이 유리병에 동전을 채우는 이유는 큰불이 나서 집안 살림살이가 다 타버렸기 때문이다. 그때 엄마의 소중한 의자도 같이 타버렸다. 의자는 엄마가 고단한 일을 끝내고 집에 와 무거운 발을 올려 쉴 수 있는 '휴식'의 의자다. 낮에는 할머니가 앉아 지나가는 이웃들과 이야기를 나누는 '평화'의 의자이며, 저녁을 먹은 다음에는 소녀가 엄마랑 같이 앉아 포옹하는 '행복과 사랑'의 의자다.

그래서 소녀와 할머니는 엄마를 도와 유리병에 동전을 넣고 또 넣는다. 가족이 모은 동전이 마침내 유리병을 가득 채운 날, 그들은 새 의자를 사러 가며 '다시 시작할 힘'을 얻는다. 칼데콧 아너 상에 빛나는 강렬한 색감과 풍성한 그림체는, 그 따뜻한 이야기만큼이나 큰 울림을 전한다. 작가가 말한 '의자'는 단순한 가구가 아닌, 가족의 사랑과 행복, 그리고 휴식과 회복의 상징이었으리라.

스스로 이만큼 컸음을 알게 해준 피터의 의자

...

에즈러 잭 키츠 작가의 《피터의 의자》(이진영 옮김, 시공주니어, 2017)는 여동생 수지가 태어난 뒤 엄마 아빠에게 '밀려났다'고 생각한 피터의 마음을 얘기한다. 자신이 쓰던 침대와 식탁 의자, 요람 등을 동생 것으로 (그것도 분홍색 칠을 함으로써!) 만들고 있는 아빠로부터 자기가 쓰던 파란 의자만은 사수하려는 이야기다.

"이건 아직 칠하지 않았잖아!"

아직 분홍색 칠을 '당하지 않은' 의자를 발견한 피터는 의자를 들고 자기 방으로 달려간다. 쇼핑백에 과자, 강아지 비스킷을 담고 파란 의자와 아기 때 찍은 사진 등을 챙겨서. 집을 나온 피터는 의자에 앉아 쉬려고 한다. 그런데 이런! 의자가 너무 작아서 엉덩이가 들어가지 않는다. 큰 어른 의자에 자신의 몸을 앉힌 피터는 아빠에게 말한다.

"아빠, 아기 의자를 분홍색으로 칠해서 수지한테 줄래요."

피터의 심경 변화를 작가는 미주알고주알 설명하지 않는다. 피터는 처음에는 자기 물건을 마음대로 동생 것으로 만드는 아빠와 갓난아기가 깨면 안 되니 조용히 하라는 엄마에게 서운해서 동생을 질투하는 모습을 보인다. 그러나 자신이 그토록 고수하려던 의자가 이미 자신에게는 턱없이 작아진 것을 느끼고 자연스럽게 자신의 성장을 받아들인다. 이보다 더 뿌듯한 '성장 그림책'이 또 있을까? 열 마디, 백 마디 말보다 피터의 의자가 준 깨달음이 피터에게는 가장 유효하고 또 가장 가슴 벅차다.

저마다의 떡잎이 저마다의 개성으로 꽃 피기를
・・・

저마다의 떡잎이 다르듯, 아이들은 제각각 저마다의 개성과 개별성으로 자란다. 부모가 키워준 떡잎을 떼어내고 각자의 방식과 개성으로 자기만의 인생을 꾸려 나간다. 떡잎이 자신의 영양분을 주고 나면 말라 떨어져버리고 새로운 잎이 나듯, 부모라면 아이들이 변화에 적응하도록 도와주고 보호해주어야 한다. 어느 방향이나 모양을 강요한다고 해서 잎이 원하는 대로 자라주지 않는다. 아이들의 성장도 그렇다. 부모가 할 일은 아이가 충분한 양분을 받을 수 있게 조력하는 일이다. 감사한 마음으로 건강한 믿음을 주고 아이를 지지하는 일, 그것만이 우리가 할 일이다.

사춘기로 접어들면 아이들은 더욱더 뚜렷한 개성을 드러낼 것이다. 이때도 부모의 역할이 무엇보다 중요하다. 주위 사람, 형제자매나 친구들과 내 아이를 비교하지 말자. 독립된 개체로서 아이들의 생각을 존중하고 서로 다름을 인정하면서 다양성을 인정해주어야 한다. 떡잎이 다 다르듯 아이들도 다 다르다는 것. 그 점 하나만 인정한다면 아이들은 저마다의 '의자'에서 자기만의 무대를 만끽하며 행복과 기쁨, 그리고 성장을 모두 얻어낼 것이다.

낯설고 다르지만 얼마든지 친구가 될 수 있어:
《달토끼, 거북이, 오징어》

세 친구, 서로 이해하고 이해받을 수 있는

• • •

우리 셋의 첫 만남은 독서 모임에서였다. 우리는 나이도 생김새도 하는 일도 다 다르다. 처음에는 각자 무슨 일을 하는지도 몰랐고 무슨 생각을 하고 있는지도 몰랐다. 정기 모임을 끝내고 서로 시간이 맞을 때를 정해 자연스럽게 만나기 시작했다.

우리는 책 이야기도 하고, 북카페나 도서전을 함께 다니면서 아이들 얘기도 한다. 공통점은 책을 좋아하고 육아에 대한 고민을 가지고 있다는 것이다. 어느 때는 마음의 얘기를 꺼내지만 그렇게 무겁지 않고, 깊이는 있지만 그렇다고 심각하거나 반대로 가볍지도 않다. 모임이 좋고 오래가는 것이 나는 적당한 웃음과 울음이 있기 때문이라고 생각한다. 우린 흔히들 모여서 하는 '집안 이야기'는 잘 하지 않는다. 물론 아예 '가정생활' 이야기를 안 하는 것은 아니지만, 어디까지나 이야기의 주제이자 주체가 '나'에 국한된다. 남이 아닌 자기 자신에 대한 이야기가 중심이기에 배우자나 배우자의 가족, 혹은 자신의 원가족 이야기는 잘 하지 않는 편이다. 질문은 하지만 의무감에서 묻는 행동 역시 하지 않는다.

우린 각기 다른 독서모임에서 읽은 책에 대해 얘기하기도 한다. 서로 읽고 있는 도서 목록을 교환하며 온라인 필사 모임도 같이 하고 있다. 개인의 발전을 게을리하지 않아서일까? 우리는 만날 때마다 새로운 이야기를 하게 된다. 서로 기다려주고 응원해주고 축하해주는 데 시간을 많이 쓴다. 내 생각엔 각자의 생각이 뚜렷하지만 하나의 공통분모는 책이라는 것. 그것이 우리를 결속시키는 것 같다.

기분이 안 좋거나 몸이 안 좋을 때도 우리는 아주 오래된 친구처럼 길게 고민하지 않고 불쑥 이야기한다. 서로를 위로해주며 다음엔 맛집에 찾아가 건강식을 먹자고 약속한다. 몸이 안 좋은 건 지금이고, 그렇다면 당장 해당 음식을 먹어야 할 텐데 다음에 만나서 먹자니 말이 되나 싶지만, 몇 날 몇 달이 지나 먹더라도 그 음식은 내게 보약이 되고 그날까지는 마음도 뱃속도 든든하다. 기분이 너무 좋은 날, 때론 좋은 글을 읽거나 좋은 곳에 다녀

오면 제일 먼저 알려주고 싶은 친구들이다.

    때로는 서로가 낯설지만 그것이 서운하지는 않고, 어느 날은 너무 친밀하지만 큰 기대감을 품지도 않는다. 그저 각자의 자리에서 힘든 일을 나누고 기쁜 일을 함께할 뿐이다. 울타리나 경계선이 있지는 않지만 서로 침범하지 말아야 할 선을 정해놓은 것처럼 서로 조심하고 있는 걸까? 순간의 말실수를 하더라도 미안하다는 말 한마디로 충분히 이해하고 충분히 이해받을 수 있는 그런 관계였으면 한다.

서로 다른 세 친구의 우정 이야기
...

조수진 작가의 《달토끼, 거북이, 오징어》(반달, 2016)의 주인공들도 서로 다른 모습으로 우연히 옹달샘에서 만난다.

    달토끼와 오징어는 숲속 거북이와 금세 친구가 되고 집으로 돌아가고 싶어 하는 오징어를 바다에 데려다주기로 한다. 셋은 햇볕 쨍쨍한 오후, 바다로 향한다. 흐물흐물한 다리를 가진 오징어를 거북이와 토끼가 서로를 도와가며 바다로 향한다. 바다는 멀다. 해도 뜨겁고 바다는 보일 생각을 하지 않는다. 바다로 가는 도중 강렬한 햇볕에 오징어가 쓰러진다. 달토끼를 보며 거북이는 마른 목을 참는다. 달토끼 역시 목도 마르고 다리도 아프지만, 햇볕에 말라가는 오징어가 걱정이다. 오징어는 목도 마르고 머리도 마르고 다리도 마르다가 결국 마른 오징어가 되어간다. 그때 달이 뜨고, 비가 내리기 시작한다.

각자 힘든 마음을 애써 참아가며, 서로 다르다는 것도 의식하지 못한 채 상대를 생각하는 마음이 결국 오징어를 집으로 돌아가게 해주었다.

호기심 많은 토끼는 낯선 여행이 즐겁고, 오징어는 집으로 돌아가는 것이 즐겁고, 거북이는 달토끼와 함께하는 게 즐겁다. 다르다는 것, 낯설다는 것도 문제되지 않는다. 셋은 생김새도 다르고, 서로 다른 세상에서 살다 한곳에서 만났다. 그러나 서로의 마음을 알아주고 그 마음을 위해 기꺼이 어려움을 헤쳐 나가면서 힘을 합친다. 서로가 힘든 순간에 손을 내밀 수 있는 우정이 정말 아름답다.

마침내 오징어가 바다에, 거북이도 오랜만에 집에 왔지만 토끼는 다르다. 오징어는 달토끼를 집에 보내주고 싶어 한다. 아마도 오징어는 자신을 도와준 토끼를 도와주고 싶은 게 분명하다. 하지만 거북이는 집에 못 가 슬퍼하는 달토끼의 마음을 알면서도 헤어지는 게 싫은 모양이다. 세 친구들, 과연 어떻게 될까? 이들의 우정은 귀소본능을 거부할 수 있을까? 서로 다른 뜻을 품고 있지만 셋이 도와가며 연대하는 우정의 의미를 생각해보게 하는 책이다.

다르기에 아름다운 우정

• • •

개개인이 누군가를 만나 함께하지 않고, 누구의 도움 없이 혼자 살아간다는 것은 결코 쉬운 일이 아니다. 서로 다른 두 사람이 만나 가정을 이루고 사는 것도, 새로운 친구를 사귀는 것도 쉽지 않은 일임에 틀림없다. 성인이 되어 만나는 친구들은 더욱더 친해지기 어렵다. 필요에 의한 관계에서 시작되어 그런지 처음에는 급작스럽게 친해지지만 관계가 오래 유지되기는 쉽지 않다. 아이들 친구의 엄마로 만나기도 하고, 일을 하면서 직장에서 만나는 사람도 있고, 동아리나 모임에서 만날 수도 있다. 그러나 관계를 유지해 나가는 것은 어렵다. 모임이 끝나면 자연스럽게 연락이 끊기거나 소원해지기 마련이다. 그렇다고 먼저 연락을 하자니 상대방의 마음을 알 길이 없어 걱정이 앞서기도 한다. 친해지고 싶지만 거절당하는 게 두려워 손을 내밀려다가 먼저 거두는 경우도 많다.

그러나 필요한 것은 용기와 먼저 다가가는 마음이다. 나와 다른 사람들이지만 부끄러워하지 않고 관심을 표현하다 보면 좋은 관계를 맺는 계기가 되기도 하고, 그곳에서 아름다운 우정을 발견하게 된다. 우정을 쌓아가며 서로에게 필요한 것을 찾아 돕는다면 달토끼처럼 언제나 나를 지켜봐주는 친구를 얻게 된다. 인생에서 가장 행복한 사람은 소중한 친구를 만들어 나가는 사람이 아닐까? 낯설지만 다른 사람의 마음을 토닥여주는 친구, 마음으로 위로받는 친구를 얻으려면 내가 먼저 도움을 주는 친구가 되어보자.

어우러져 성장하기
...

유치원이나 학교에서 낯선 친구를 만나면 같은 취미를 가지고 같은 음식을 좋아하는 친구와 처음에는 친해지기 쉽다. 하지만 서로 다른 성향의 친구들을 사귈 때, 더 많은 공감 능력을 키울 수 있다고 한다. 이는 자신과 다른 성향과 다른 행동을 하는 모습을 보며 이해하고 함께하려고 노력하기 때문이다.

친구뿐 아니라 한 부모에게 태어난 자식도 다른 성격을 가진다. 기질이 서로 다른데 각자의 다른 성향으로 어우러져 사이좋게 성장하는 걸 보면 신기하다. 성격도 생각하는 방식도 행동도 전혀 다른 아이를 키우는 나는 우리 아이들이 서로 다른 모습을 가진 친구라고 생각하면서 살아가길 바란다. '우리는 서로 맞지 않아', '힘들어'라고 생각하기 전에 서로에게 없는 점을 찾아보면 어떨까? 이를 통해 내가 부족한 부분을 다른 사람에게서 찾아 서로 도와가며 성장하길 바란다. 형제자매가 서로 다른 색깔을 보일 때 불만을 토로하지 말고 지켜보자. 각자의 색은 다르지만 서로 잘 어우러져 멋진 결과물을 만들어 나갈 수 있다고 믿는 부모이길 바란다. 다르다는 것은 전혀 이상하지 않은 일이다. 얼마든지 어우러져 성장할 수 있는 기회이자 모든 밑바탕이다.

오징어를 위해 토끼와 거북이가 함께 힘을 모았던 그 시간을 기억하자. 아이에게는 친구와 더불어 어우러지는 시간이 얼마나 소중한지 알려주고, 부모는 아이가 그 시간을 충분히 누릴 수 있도록 기꺼이 기다려줄 줄 알아야 한다. 노력하며 성장하는 과정은 결과만큼이나 소중한 시간이다. 그 시간을 아이가 스스로 깨닫고 부모는 조용히 기다려주는 것. 그렇게 아이와 부모는 함께 성장해간다.

 북 큐레이션_ 우리들의 우정과 친구에 관하여

《우정 그림책》(하이케 팔러 글, 발레리오 비달리 그림, 김서정 옮김, 사계절, 2021)
《개와 고양이와 쥐》(바두르 오스카르손, 권루시안 옮김, 진선출판사, 2022)
《아무것도 하고 싶지 않은 곰》(다비드 칼리 글, 랄랄리몰라 그림, 엄혜숙 옮김, 나무말미, 2022)
《문어 목욕탕》(최민지, 노랑상상, 2018)
《영원한 친구》(이치카와 사토미, 윤정숙 옮김, 봄의 정원, 2019)
《특별하고 소중한 낡은 여행 가방》(크리스 네일러-발레스터로스, 김현희 옮김, 사파리, 2021)
《소년과 두더지와 여우와 말》(찰리 맥커시, 이진경 옮김, 상상의 힘, 2020)
《비밀의 숲 코끼리 나무》(프레야 블랙우드, 미디어창비, 2022)
《안녕 외톨이》(신민재, 책 읽는 곰, 2016)

사랑하는 사이에는 거리가 필요해:
《적당한 거리》

나는 도서관이 좋다
· · ·

나는 한 달에 두 번 그림책 모임에 참여한다. 도서관은 우리 동네에서 조금 떨어진 곳이라 버스로 몇 정거장 가서 환승해야 한다. 비가 오는 날이 아니면 버스에서 내려 걸어가는데, 걸어가는 그 길이 너무 좋다. 특별히 한적하지도 북적거리지도 않아 걷기에 제격인, 아주 평범한 길이다. 도서관까지는 탄천을 가로지르는 짧은 다리 위로 약간은 소란스러운 차 소리가 들린다. 다리를 지날 때면 마주 오는 사람과 아주 가까이 닿을 것 같아서 어깨를 조금은 비켜야 하는 적당한 도로의 폭도 너무 마음에 든다. 예쁜 꽃도 한쪽 길에 심어져 있고, 길 건너편에 이런저런 상가를 둘러

보는 재미에 내 시선은 늘 한쪽으로 향해 있다. 이윽고 건널목에 도착해 신호를 몇 개 기다리고 길을 건너면, 적당히 외진 곳에 도서관이 보인다. 도로 마지막 길 건너에 자리한 고즈넉한 도서관의 위치도 정말로 마음에 든다.

2층 소모임실로 가면 거의 아무도 없다. 대부분 내가 가장 먼저 도착한다. 내심 누군가 있어서 모임 전에 소소한 대화를 나누고 싶지만 도서관에 오는 사람들은 띄엄띄엄 자리에 앉는 것을 선호하는 편이라 늘 사람들과 조금 가까워지는 것에 실패하고 만다. 자리를 잡고 출석부와 도서 목록에 사인을 한다. 그림책 모임은 매일매일 눈뜨면 마시는 커피가 아니라 평소에는 잘 마시지 않는 향긋한 꽃차처럼 나에게는 색다른 날의 시작을 의미한다. 오늘의 그림책을 발제문과 함께 보면서 등 뒤로 들어오는 사람들의 발자국을 느낀다. 발자국이 적당한 거리에 도달했을 때 등지고 있던 내 시선을 뒤로하여 인사한다. 이 타이밍도 적당해야 한다.

"안녕하세요."

첫 모임의 어색함과 북적거림은 조금씩 그림책처럼 차분한 공기를 가져온다. 모임의 시작은 적당한 안부 인사와 돌아가면서 한 페이지씩 책을 낭독하는 시간이다. 오늘 그림책 모임의 책은 전소영 작가의 《적당한 거리》(달그림, 2019)다. 마치 녹음실에 들어온 듯 갑자기 압축된 공기 속에서 사람들의 목소리와 책장

넘기는 소리만 들린다. 혼자 읽던 그림책의 글이 사람들 목소리로 들려오니 입체적으로 살아나는 느낌이다. 왜 혼자 읽을 때 소리 내서 읽어보려고 하지 않았을까 하는 생각이 들었다. 그림책만큼 아름답고 다양한 사람들의 목소리를 듣는 이 시간이 너무나 좋다. 토론이 시작되면 순서 없이 각자 발언을 하는데, 사람들의 말소리와 책 문장 사이사이 속에 적당히 끼어들기가 생각보다 매우 어렵다.

'적당히'라는 건 도대체 어느 만큼일까? 아니 언제를 가리키는 단어일까?

뭐든 적당한 건 어렵지만, 적당해서 좋아
...

전소영 작가는 그림책의 첫 장에서 "네 화분들은 어쩜 그리 싱그러워?"라는 질문에 "적당해서 그래"라고 답한다. 작가는, 가만 보면 식물들도 성격이 모두 다르다며 "그렇게 모두 다름을 알아가고 그에 맞는 손길을 주는 것. 그렇듯 너와 내가 같지 않음을 받아들이는 것. 그게 사랑의 시작일지도"라고 말한다.

그림책은 작가가 키우는 식물로 가득하다. 식물은 관심이 지나쳐 물이 넘치면 식물의 뿌리가 물러지고, 반대로 마음이 멀어지면 식물은 곧 말라버린다. 작가는 기다려주고 서두르지 않으면서 한 발짝 물러서서 돌봐야 할 때와 내버려둬야 할 때를 알아야 한다고 말한다. '적당한 건 어렵지만, 적당해야 좋다'는 것의 의미를 이렇게 찰떡같이 묘사할 수 있을까?

화분을 키우는 것만큼이나 우리 아이들도 다른 기질을 가지고 있다. 책에서도 식물의 성격이 모두 달라 어떤 식물은 물을 좋아해 많이 줘야 하지만, 어떤 식물은 물이 적어도 살고, 음지에서도 잘 자라는 식물이 있는가 하면 일광욕을 좋아하는 식물도 있다고 했다. 어느 식물은 쓰다듬어주면 향기를 내뿜으며 좋아하기도 한다.

우리 아이들도 식물과 마찬가지다. 적당한 건 어렵지만, (아이의 기질과 성격에 맞게) 적당해야 최고로 좋다!

부모님들은 아이들이 커나가면서 무슨 마음으로 어떤 생각을 하는지 알 수 없어 답답하다고 토로하곤 한다. 친구들과 사이는 좋은지, 학교 등 생활은 잘하고 있는지, 학원에서 공부하는 데 어려움은 없는지 등 듣고 싶은 이야기가 가득하다. 그런데 아이는 묵묵부답이거나 단답형으로 답한다. 나도 어느 날 아이의 태도에 너무 답답해서 설거지를 하다가 뛰쳐나간 적도 있다. 한참이 지나고 나중에 이런 이야기를 하자 우리 딸이 답했다. 말하고 싶지 않아서 일부러 얘기를 안 한 게 아니라 그냥 할 얘기가 없었던 것뿐이라고. 그냥 기다려주면 되는데 자꾸 질문하면 더 싫다고 말이다.

조금은 충격이었지만 대답을 듣고 어쩌면 내가 너무 심각하게 받아들이고 아이들을 예민하게 바라보았나 싶었다. 아이마다 다가가야 하는 방법도 얘기하는 방법도 다르니 식물처럼 그 성격에 맞게 적당한 손길을 줘야 함을 그때 느꼈다.

하지만 이것은 아이가 둘, 셋일 경우 너무나도 어려운 일이다. 엄마의 성격은 하나인데 두 개, 세 개의 성격을 만들어서 각각 다른 모습으로 대해야 하니 말이다. 한 아이한테는 먼저 물어봐 주고 적극적으로 공감해주는 수다쟁이 엄마가 되어야 하고, 한 아이한테는 스스로 꺼내놓을 때까지 기다리고 들어주는 내성적이고 진중한 엄마의 모습이어야 한다. 그러나 우리는 엄마 아닌가. 너와 내가 다름을 인정하는 것을 넘어서 각각의 아이들이 같지 않음을 받아들이는 것이 엄마가 갖춰야 하는 진정한 사랑의 덕목일 것이다. 적당히 적당하게!

사랑하는 것은 제자리에 있는 것
...

작가는 "안다는 것은 이해하고 있다는 뜻, 서두르지 않는 것"이라고 했다. 그러기 위해서는 적당한 햇빛, 적당한 흙, 적당한 물, 적당한 거리가 필요하다고 말한다. 사람과의 관계도, 엄마와 아이와의 관계도 분명 적당한 거리가 필요하다. 우리 딸이 친구 관계에서 힘들어하고, 사람들과의 거리두기에 어려움을 겪을 때 내가 할 수 있었던 일은 그저 제자리에서 딸의 이야기를 들어주는 것이었다. 처음에는 어떻게 해야 하는지도 몰랐고 아무것도 해줄 수 없는데 아이가 힘들어하는 모습을 보면서 엄마라는 존재가 이토록 무능해도 되는 것인가 싶은 생각까지 한 적이 있다. 지나고 보니 조언을 해주고 해결책을 제시하려고 노력하는 것보다 적당한 거리(아이 방과 거실만큼의 거리 혹은 아이 방문을 열지 않는 적당한 거리)를 유지하며 엄마의 자리를 지키는 것이 최선이었다. 그것이 우리 딸에게 해줄 수 있는 전부였고, 사랑이었다.

하루에도 몇 번이고 닫혀 있는 방문을 열고 싶고 말을 걸고 싶지만 그 문을 열지 않고 기다리는 것. 문을 사이에 두고 적당한 거리를 유지하면서 서두르지 않고 믿고 지켜봐 주는 것이다. 알다가도 모르겠다는 말처럼, 아이들의 마음은 아는 것도 이해하는 것도 힘들다. 대신 아이가 먼저 얘기를 시작한다면 그때는 진심으로 들어줘야 한다. 사랑한다는 것은 적당한 거리를 두고 제자리를 지키는 일이다.

식물을 잘 키우는 사람들이 대단해 보이는 것은 비단 식물이 잘 자랐기 때문만은 아니다. 물을 주고 정성을 다해 가꾸며 보낸 시간, 화분을 키우는 데 들어간 그 노력의 시간이 칭찬받을 만한 것이다. 아이가 잘 성장해준다면 엄마들이 아이들을 키워낸 시간만으로도 충분히 칭찬받을 일을 해낸 것이라고 생각한다.

어른이 되어가는 마음의 거리

...

어린 시절 옆에 있던 친구가 동성이든 이성이든 좋아하는 마음이 들면 손을 잡으면서 "사랑해", "좋아해"라고 거침없이 말한다. 심지어는 "나중에 커서 ○○와 결혼할 거야"라고 호언장담하기도 한다. 친구들도 "사랑해"라는 표현을 순수하고 아름다운 단어로 들어주고 받아들인다. 하지만 점점 초등학교로 올라가면서, 이성 친구한테는 사랑한다고 말하기가 쉽지 않다. 아이들 스스로도 어색하게 생각하고, 마음을 표현하면 친구들이 놀린다는 생각이 들면서 적당한 거리두기가 시작된다. 중학교, 고등학교로 올라가면서 우리 아이들도 어느 순간부터 "사랑해"라는 말을 하지 않는 것 같다.

우리는 어쩌면 나이가 들수록 사람과 사람 사이에 거리를 두게 되는 것이 아닐까? 어린 시절에는 아무 거리낌 없이 좋아해, 사랑해하며 감정을 그대로 표현하곤 한다. 그러나 점점 어른이 되면서 나의 느낌을 조심스럽게 꺼내고 전해야 한다는 것이 슬프다. 어른이 된다는 것은 너무나 어렵다.

개인의 성격이나 기질은 타고나기도 하지만 경험에서 비롯되는 것도 많다. 사랑한다는 말을 먼저 거리낌 없이 하는 사람도 있고, 반면 굳이 말로 안 해도 상대가 알아주길 바라는 사람도 있다. 사랑한다는 표현에 서투른 사람도 있고, 사랑의 표현을 지극히 당연하게 여기는 사람도 있다. 그러나 나는 어른이 된다 해도, 사랑하는 마음의 표현만은 마음껏 하는 사람으로 남고 싶다. 사랑의 마음이란, 표현하지 않기 시작하면 점점 더 힘들어진다. 나는 "사랑해"라는 말을 내 아이들에게만큼은 자주 하려고 한다. 아니, 고민하지 않고 그 순간순간의 느낌이나 감정을 최대한 그대로 표현하려고 하는 편이다. 아무리 친하고 거리낌 없이 각별한 사이라고 해도 사람과 사람 사이의 물리적 거리뿐 아니라 심리적인 거리는 분명히 존재한다. 가족끼리도 적당한 거리가 필요하겠지만 결코 무관심이 되어서는 안 된다. 우리 아이한테만큼은 "사랑해"라는 표현에 거리를 두지 말자. 사랑하는 사이에는 거리가 필요하지만, 부디 '사랑'에서만큼은 거리를 두지 말자.

엄마 아빠, 착한 게 뭔가요?:
《착해야 하나요?》

누가 '착함'의 기준을 정할까?
· · ·

그림이나 사진을 붙이는 콜라주 기법을 이용하여 다양한 질감으로 개성 있는 캐릭터를 연출하는 작가 로렌 차일드는 《착해야 하나요?》(장미란 옮김, 책읽는곰, 2021)를 통해 아이들의 정체성을 입체적으로 표현한다. 그림책에서 작가가 고른 주제는 바로 '착함'의 의미와 그 기준. 작가는 성격이 정반대인 유진과 제시를 통해, 착하다는 의미와 왜 착해야 하는지에 대해 아이들에게 흥미진진한 물음을 던진다.

초등학교 수업에서 그림책의 주인공인 모범생 오빠 유진과 자유분방한 여동생 제시 두 주인공을 두고 아이들과 "착해야 한다", "착하지 않아도 된다"로 토론한 적이 있다. 유진과 제시로 대변되는 두 정체성이 토론을 이끌기에 매우 적합했기 때문이다. 토론은 토의와는 다르게 한 가지 주제로 서로 다른 생각을 말하는 것이라 상대를 설득하기 위해서는 그에 따른 이유와 설명이 필요하다. 그런 면에서 유진과 제시라는 상반된 인물이 나오는 이 책은 착하다는 것을 주제로 토론하기에 매우 제격이다.

토론이 시작되자, 착해야 한다고 주장하는 친구는 착해야 하는 이유로 "착한 행동을 하면 뿌듯한 마음이 들고 남을 도울 수 있기 때문"이라고 했다. 그러자 한 친구가 "착하기 위해서 행동하는 것은 자연스러운 것이 아니므로 착한 행동이 아니다"라고 반박했다. 남을 의식하지 않고 마음에서 우러나와서 하는 행동이 착한 행동이라는 것이다. 다른 친구는 "그렇지 않다. 의무감으로 하는 행동도 착한 것이다"라고 했다. 집단생활을 하면서 친구들의 눈치가 보여 행동하는 경우라도, 바르게 행동하려고 노력한다면 그 자체가 '착한 행동'이라고 볼 수 있다는 것이다.

반대로, 착하지 않아도 된다에 표를 준 친구들은 "착하게 행동하면 다른 친구들이 자신을 우습게 생각하기 때문에 착한 행동을 하지 않는 게 낫다"고 했다. "착하게 행동해도 다른 사람이 알아주지 않기 때문에 굳이 하지 않는다"고 하는 친구도 있었다.

이날 토론에서는 '착하지 않아도 된다'라는 의견에 많은 아이들이 찬성해서 적잖이 놀란 적이 있다. 어쩌면 아이들 역시 주인공 유진처럼 '착하다는 것의 의미와 정의'를 자기 나름대로 정립해가는 중이라 그럴 것이다.

　이 책의 미덕은 착함의 정의나 기준을 말해주는 데 있는 게 아니라 유진의 속마음을 표현한 '빨간 글씨'의 진실에 있다. 우리들역시 유진처럼, 진짜 마음을 잘 모르고 잘 이야기하지도 않고 살기 바쁘니까.

우린 착한 아이도 아니고 나쁜 아이도 아니에요
・・・

《착해야 하나요?》의 오빠 유진 크라우스는 어른의 말을 잘 듣고 스스로 착한 일을 찾아서 하는 아이다. 가장 싫어하는 채소가 브로콜리인데도 하나도 남김없이 다 먹고, 화장실 다녀올 때마다 꼬박꼬박 손을 씻는다. 잠잘 시간도 정확히 지키고 토끼장 청소도 금요일마다 빼놓지 않고 한다. 이런 유진에게 부모님은 착한 아이 배지까지 달아주었다.

　원래는 제시와 번갈아 관리하는 토끼장이 (제시의 농땡이로) 엉망이 되었을 때도 유진은 대신 토끼장을 청소하면서 "착하다는 말을 듣고 싶어서 청소한 거 아니야. 토끼가 뛰어 놀라고 그런 거야"라고 말한다.

　반대로 유진의 여동생 제시는 생일파티 케이크도 혼자 먹어버리고 하고 싶은 것만 제멋대로 하는 아이다. 어느 날 유진은 자기만 브로콜리를 먹고(가장 싫은 채소인데도!) 동생은 안 먹는다는 사실을 깨닫게 되었다. 왜 동생은 안 먹냐고 아빠에게 묻자 아빠는 제시는 착한 아이가 아니라서 그렇다고 답한다. 토끼장 청소를 왜 안 하냐는 질문에도 "이젠 잔소리하기도 지쳤단다. 착한 네가 대신 해줘서 얼마나 다행"이냐고 한다.

갑자기 유진은 이런저런 생각으로 머릿속이 복잡해졌다.

'나도 늦게까지 안 자고 초코 과자 먹으면서 텔레비전 보고 싶어. 왜 나만 토끼장을 청소해야 돼? 나도 브로콜리 엄청 싫어해.'

급기야 이런 생각에 이른다.

'착한 아이가 되어봤자 좋을 게 뭐람?'

유진은 청소도 안 하고 늦게까지 텔레비전을 보는 제시에게 부모님이 뭐라고 하지 않는 점이 불공평하고 억울하다. 다음 날부터 유진도 제시랑 똑같이 행동한다. 자신의 솔직한 마음을 표현하고, 하고 싶은 행동만 하기로 마음먹는다. 유진은 스스로 나쁜 아이가 될 거라고 말하곤 착한 아이 배지도 떼어서 밟아버린다.

착한 오빠가 평소랑 다르게 행동하는 걸 이상하게 생각하던 제시는 오빠와 과자를 나누어 먹으며 그동안 대신 토끼장을 청소해줘서 고맙다고 말한다. 그 말을 듣고 유진은 속으로 생각한다. 착한 아이라고 해서 늘 착할 수만은 없지만, 그래도 착한 일을 하면 기분이 좋아지는 것 같다고.

그날 저녁, 제시는 엄마 아빠에게 공표한다. 오빠는 브로콜리를 싫어한다고. 이 말에 부모님이 오빠 착하니까 먹고, 제시 너는 착한 아이가 아니라 안 먹는 거라고 하자 유진과 제시가 번갈아 말한다.

"우린 착한 아이가 아니에요." "나쁜 아이도 아니고요." "정말 싫어하면 안 먹어도 되잖아요."

그날 이후 모든 것이 달라졌다.

이제 부모님은 유진과 제시의 행동에 일일이 실망하지 않는다. 제시는 가끔 못되게 굴고 대개는 착하게 지내려고 노력한다. 유진은 착할 때도 있고 덜 착할 때도 안 착할 때도 있다. 중요한 것은, 부모님이 더 이상 유진에게 착한 아이를 강요하지 않고 유진이 착한 행동을 할 때는 '고마워하게 되었다'는 사실이다.

착함이 정체성이 된 '착한 아이 증후군'
・・・

'착한 아이 증후군'이란 자신의 부정적인 정서나 감정들을 숨기고 타인의 말에 무조건적으로 순응하면서 착한 아이가 되려고 지나치게 노력하는 것을 말한다. 착한 아이 증후군의 특징은 아이들이 부모의 말을 잘 듣는 것을 곧 착하다고 착각하는 것이다. 원인은 당연히 부모에게 있다. 유진과 제시의 부모처럼 엄마 아빠 말을 잘 들으면 착하고 안 들으면 착하지 않다고 단정 짓는 것이다.

아이를 키우면서 부모들이 무심코 하는 이야기 중에 '착하게 굴어야지'라는 말이 있다. 특히 무엇인가를 자녀에게 요구할 때 이런 표현을 쓰곤 한다. 아이들은 마치 엄마 아빠 말을 안 들으면 자기가 착하지 않은, 나쁜 아이가 된다는 불안감에 빠지게 된다. 아이들에게 생각할 시간을 주거나 판단할 기준을 알려주지 않고 맹목적으로 하는 '착하다'는 칭찬 역시 아이들을 혼란스럽게 한다. 이런 말들이 부모님 말씀을 잘 들으면 착한 사람이라는 생각으로 이어져 강박적으로 순종하려는 태도를 낳게 한다. 심해지면 착한 아이 증후군으로 이어질 수 있다.

착한 아이 증후군은 보통 형제가 많은 집에서 부모님이 장남이나 장녀에게 지나친 책임을 부여하는 경우 생긴다. 형제와 차별 대우를 받으며 성장하는 아이가 부모님에게 잘 보이려고 자신을 희생하면서 착한 아이가 되려고 과도하게 애쓰는 경우를 나는 주변에서 종종 보았다.

이처럼 자신의 불만을 제대로 표현하지 못한 채 부모가 강요한 감정을 억지로 받아들이며 성장하면 마음에 병이 생길 수 있다. 그 결과 자신의 주장을 그때그때 제대로 표현하지 못해 스스로를 신뢰하지 못하며 자신감까지 떨어질 수 있다. '나'라는 존재 자체로 충분히 가치 있다고 느낄 때 자존감이 높다고 할 수 있는

데, 자기를 표현하는 데 어려워하다가 자아 존중감마저 잃게 되는 것이다.

착한 아이 증후군으로 자란 아이들의 가장 큰 특징은 자신의 의견이 없다는 것이다. 이는 자신의 주장을 발현하지 못할 뿐 아니라 다른 사람의 부탁을 거절하지 못하게 되면서 대인관계에까지 영향을 주게 된다. 어린 시절, 부모의 양육 태도가 이렇게까지 큰 영향을 미치는 것이다. 내 아이를 내 통제 아래 두려는 부모의 태도가 결국 사회적으로도 개인적으로도 성숙하지 못한 결과를 낳게 되는 셈이다.

거절에도 연습이 필요하다

《착해야 하나요?》는 아이들에게 '착하다'는 것의 의미를 스스로 생각할 수 있는 계기를 만들어준다. 그리고 자신의 정체성을 확립하기 위해서는 내 마음을 들여다보는 연습, 자존감을 찾기 위해서 하고 싶지 않은 행동은 거절하는 연습, 어른들이 '착하다'고 말하는 기준에 맞추어 행동하려 하기보다는 스스로 올바르다고 생각하는 행동을 하기 위한 용기 등을 알려준다.

나의 감정을 억누르면 자신의 감정을 표현하는 걸 점차 두려워하게 된다. 내가 좋아하는 것과 싫어하는 것을 표현하면서 내가 싫은 것들에 대해 거절하는 연습이 필요하다. 행동을 자제하게 되면 억압으로 이어지고 이는 사고의 유연함을 제한하게 만들기 때문이다. 결국, 유진과 같이 '이유도 모른 채', '착함의 기준도 모른 채' 마음속에 '빨간 글씨'가 계속 남는 시간을 보내다 머릿속이 복잡해질 것이다.

아이들에겐 마음이 진짜 원하는 것을 행동하는 일이 필요하다. 지나치게 남의 눈을 의식하면서 착한 아이가 되는 일 말고 자신감을 키우고 자존감까지 챙기는 사람이 되는 길, 그것이 부모인 우리가 내 아이에게 바라는 진짜 '성장'의 모습이다.

부모의 마음 단단한 칭찬
· · ·

자존감이 단단한 아이가 되기 위해서는 먼저 자신을 사랑하고 존중하는 마음이 기초가 되어야 한다. 이를 위해서 부모가 할 수 있는 가장 중요한 일은 구체적으로 칭찬해주기다. '착하다' '잘했다'가 아니라 구체적인 행동과 그것을 이루려는 과정을 칭찬해주자. "100점 받아서 칭찬해"보다 "내일 시험을 위해 공부를 2시간이나 했구나. 정말 자랑스럽고 대견해"라고 하자. "엄마를 도와줘서 고마워"보다 "학교 다녀와서 고단할 텐데 엄마 힘들까 봐 쓰레기를 다 버려주고, 정말 감동이야"라고 말해주자. 어려운 일이 전혀 아니다. 막연하고 모호한 칭찬이 아니라, 마음을 다해 고마움과 감동을 전달하면 된다.

하나 더, 어른의 기준이 아닌 아이의 눈높이에서 칭찬해주기가 필요하다. 난 아이들에게 '착하게 행동해야지'라고 말하지 않으려고 꽤나 노력하는 편이다. 착해야 한다는 기준 자체도 모호하기에, 구체적인 설명이 없는 표면적인 칭찬은 하지 않는다. 결과에 대한 칭찬은 그 이유도 제대로 모른 채 아이가 엄마의 의견을 맹목적으로 따르게 유도할 뿐이다. 행동의 옳고 그름에 따른 판단보다는 엄마의 표정과 눈치를 살피며 아이는 행동하려고 할 것이다. 그것이 결국 성장하면서 착한 아이에 대한 이유 없는 반감을 가져온다.

독서 수업을 할 때도 난 아이들에게 글씨를 잘 쓴다고 칭찬하기보다 깨끗하게 정리하면서 쓰는 모습, 수업 내용을 귀담아 정리한 내용을 칭찬하려고 노력한다. 그림도 마찬가지다. 그냥 잘 그렸다고 칭찬하기보다는 다양한 색을 분위기에 알맞게 잘 활용하고, 입체적으로 표현한 사물 하나하나를 칭찬해주려고 노력한다.

이처럼 자세한 설명으로 이어지는 부모님의 칭찬이 결국 아이들에게 내가 왜 이런 행동을 해야 하는지에 대한 답을 주는 동시에 착한 행동을 했을 때 느끼는 단단한 자존감을 느낄 수 있게 한다. 따라서 '칭찬은 고래도 춤추게 한다'는 말은 좀 더 구체적이고 전격적으로 쓰여야 한다. '부모가 아닌 아이 자신을 위한 칭찬이야말로 아이와 부모 모두를 춤추게 한다'로 말이다.

 북 큐레이션_ 자존감을 높여주는 성장 그림책

《난 토마토 절대 안 먹어》(로렌 차일드, 조은수 옮김, 국민서관, 2019)

《나의 친구 아그네스 할머니》(줄리 플렛, 황유진 옮김, 북뱅크, 2021)

《나는 나의 주인》(채인선 글, 안은진 그림, 토토북, 2017)

《세상에 필요한 건 너의 모습 그대로》(조안나 게인즈 글, 줄리아나 스와니 그림, 김선희 옮김, 템북, 2021)

《주름 때문이야》(서영, 다그림책, 2023)

《나의 쓸모》(최아영, 책읽는곰, 2024)

《마음 안경점》(조시온 글, 이소영 그림, 씨드북, 2021)

《브로콜리지만 사랑받고 싶어》(별다름 달다름 글, 서영 그림, 키다리, 2021)

5장

지성과 감성이
폭발하는 마당

우리 아이들에게 진짜 세상을:
《디지털》

"선생님, 저는 책을 세 줄 이상 못 읽어요"
• • •

초등학교에서 독서교실 수업을 할 때 고학년 친구가 나에게 자신은 책을 세 줄 이상 읽을 수 없다고 고백 아닌 고백을 한 적이 있다. 집중이 안 되어 책을 읽을 수 없고 재미도 없어서 정말 고민이라고 했다. 어디서 들었는지, 자신이 아무래도 "도파민에 중독된 것 같다"고 했다. '도파민'이니 '중독'이니, 초등학교 고학년에게 어울리지 않는 그 단어들을 듣고 있자니 머릿속이 혼란스러워졌다.

도파민은 뇌에서 신호를 전달하는 중요한 신경전달물질이다. 아이가 스스로 고백한 '도파민 중독'은 도파민의 과도한 자극으로 재미나 보상을 얻기 위해 반복적 행동을 하게 되는 것이다. 사실 초등학생들의 이런 중독 현상은 어제오늘 일이 아니다. 신문 기사와 뉴스 등 사회고발 프로그램에서 중요 이슈로 다루는 주제가 된 지 오래되었기 때문이다. 전문가들은 초등학교 아이들의 도파민 중독의 원인을 게임, 스마트폰, 인터넷 등 반복된 디지털 기기의 자극에서 찾는다. 도파민은 적절히 분비되면 '행복 호르몬'이 될 수 있지만 과도해지면 '자극 호르몬', '쾌락 호르몬'으로 변질된다. 도파민 분비가 지나치면 집중력이 저하되고 웬만한 자극에는 즐거움을 느낄 수 없는 상태에 도달하기 때문이다. 더 심해지면 무기력과 우울증까지 가져올 수 있다.

초등학교 독서 수업을 하다 보면 수업 시간에 몰래 휴대전화를 확인하는 친구들도 있고, 쉬는 시간엔 어김없이 게임을 하려는 아이들이 많다. 스마트폰이 보급되면서 이런 풍경은 일상이 되었다. 수업 시간뿐 아니라 횡단보도를 기다리는 그 짧은 시간에도 아이들의 눈과 손은 온통 스마트폰에 가 있기 일쑤다. 심지어 계단을 오를 때도, 버스나 지하철로 이동하는 시간에도, 식당에서 친구들과 밥을 먹을 때도 아이들의 눈과 손은 스마트폰에 집중되어 있을 때가 많다. 어떤 가족은 한 식탁에 앉아 식사를 하면서도 대화 없이 각자 휴대전화를 확인하는 모습도 보인다.

내가 아이를 키울 때만 해도 다행스럽게 디지털 기기가 지금보다 덜 발달된 시기라서 텔레비전을 보거나 집에서 하는 컴퓨터 게임이 전부였다. 요즘처럼 이동하면서 혹은 식당에서 말도 서툰 아이들이 스마트폰과 함께 밥을 먹는 풍경은 나에게는 조금 낯설게 다가온다.

스마트폰, 태블릿, 노트북 등 다양한 디지털 기기들의 접근성은 코로나 시기에 더 증가했다. 학창 시절을 학교가 아닌 디지털 기기와 함께 보낸 우리 아이들, 그리고 앞으로도 계속 이런 일상을 보내야 할 아이들이 너무 안타깝다.

디지톨, 동굴 콕 원시 소년의 추방!
...

코로나 시기에 방에서 나오지 못하고 디지털 기기의 화면 속에서 친구와 선생님을 만난 우리 아이들은 '디지톨'과 다를 바가 없다. 디지톨은 태블릿 컴퓨터 모양을 한 그림책 《디지톨》(패트릭 맥도넬, 노은정 옮김, 위즈덤하우스, 2016)에 등장하는 주인공 이름이다. 원시 소년 디지톨은 겉모습과는 달리 디지털 기계에 폭 빠져 친구가 찾아와도 동굴에 틀어박혀서 나오지 않는다. 동굴 바깥의 진짜 세상은 진화를 거듭했지만, 디지톨은 인터넷 외에 다른 것에는 관심이 없다. 흥미로운 것은 인터넷을 발명한 게 디지톨의 아버지라는 사실(이것은 현재 우리 사회에 대한 정확한 풍자이자 고발이다). 아버지는 자신의 발명품으로 아들이 고립 상태에 빠지는 것을 보고는 아연실색한다. 그러나 어떤 방법을 써도 동굴에 틀어박힌 아들 디지톨을 끌어내는 데 실패한다.

그러자 공룡 친구 래리가 화산 폭발을 일으켜 디지톨을 밖으로 나오게 하려는 계획을 세운다. 드디어 퍼버벙-펑 화산이 꾀를 내어 폭발을 일으키자, 디지톨은 드디어 동굴 밖으로 튕겨나온다! 까무룩 정신을 잃은 디지톨. 잠시 뒤 눈을 뜬 세상에서 디지톨은 신기한 세상을 만난다. 맑고 향기로운 공기, 따뜻한 햇볕과 폭신한 잔디의 느낌. 자연의 품에서 정신을 차린 디지톨은 '아, 어찌 이런 세상이!' 하며 깜짝 놀란다.

잠자리, 참나리, 은행나무, 털복숭이 메머드, 털복숭이 사람들, '잘생겼구나사우루스'까지. 디지톨은 세상의 아름다움과 신기함을 보기 시작한다. 자연을 느끼고 이윽고 친구들을 찾는다. 이제 디지톨은 디지털 기기는 거들떠보지도 않는다. 처음으로 친구들과 어울려 종일 놀고 또 논다. 이런 세상이 있는 줄 몰랐기에 동굴에 처박혔을 뿐, 이제 디지톨은 마음에 쏙 드는 세상을 만났다. 진짜 '진짜' 같은 세상을.

어느새 해가 지고 밤을 처음 보게 된 디지톨은 별들의 아름다움을 처음 알게 된다. 밤하늘의 별을 볼 수 있는 시간도, 그 별들이 아름답다는 걸 느끼는 시간도 디지털 기기를 놓아야 비로소 보였던 것. 디지톨의 노는 모습이 정말 순수한 아이의 모습을 찾은 것 같아 다행스럽게 보였다.

디지털 문명, 필요한 만큼 적절한 활용이 중요한 시대
· · ·

디지털 기기는 우리 일상을 크게 변화시켰다. 오늘날 현대인들은 편리성이나 실용성 면에서 디지털 기기와 떼려야 뗄 수 없는 시대를 살고 있으며, 이제 디지털 기기는 우리에게 없어서는 안 될 도구가 되었다. 디지털 기기와 더불어 미디어와 정보도 우리에게 쉴 새 없이 쏟아지고 있다. 미디어의 홍수, 정보의 홍수 시대라는 말도 있듯이 우리는 다양한 정보를 무방비 상태에서 접하게 된다.

디지털 리터러시, 즉 디지털 문해력이 필요하다는 이야기는 다 이런 배경에서 나온다. 그런데 디지털 미디어의 위험을 인식하고 적절한 판단력을 발휘해 미디어의 득과 실을 따질 수 있는 사람이 몇이나 될까? 특히 어린아이들에게는 더욱 어려운 일이다. 그렇다고 디지털 기기를 접하지 않고 생활할 수는 없는 것이 현실이다.

미디어란 정보를 전송하는 매체를 말한다. 우편, 전보, 신문, 잡지 등의 종이 미디어. 라디오, 텔레비전 등의 전파 미디어, 온라인, 스마트 미디어까지 정보화 사회인 요즘 여러 가지 미디어가 발달하고 있다. 1인 미디어 시대가 오면서 1분 이내의 짧은 동영상인 '숏폼(short-form)' 콘텐츠가 SNS(Social Network Service, 소셜 네트워크 서비스)에서 큰 인기를 끌고 있다. 이를 통해 K-팝은 자연스럽게 성장하며 전 세계에 우리나라를 알리는 데 큰 역할을 했다. 더 나아가 K-뷰티, K-푸드의 인기도 함께 높아지면서 K-컬처 전반이 우리나라를 글로벌 문화 국가로 발돋움하게 했다. 이처럼 디지털 콘텐츠는 접근의 편리함과 소통이라는 강점도 지니고 있다.

하지만 디지털 기기의 혁신을 불러일으킨 애플사의 창업자 스티브 잡스는 자녀 교육을 어떻게 했을까? 스티브 잡스가 자신의 자녀에게 스마트폰을 주지 않았다는 이야기는 이미 널리 알려진 사실이다. 편리한 접근성만큼 중독은 우리 생활에 쉽게 파고든다는 사실을 누구보다 잘 알고 있었던 것이다.

디지털 기기를 올바른 판단력으로 지혜롭게 사용하기란 쉬운 일이 아니다. 특히나 자제력이 부족한 아이들은 더더욱 그렇다. 책 읽는 시간을 정하고 식사 시간을 지키고 숙제하는 시간을 약속하듯 디지털 기기의 사용 시간도 제한하는 것이 필요하다. 그러기 위해서는 부모가 먼저 자제하는 모습을 보이는 것이 선행되어야 한다. 어른도 힘든 일을 아이에게 가르치기 위해서는 '솔선수범'만큼 효과 있는 방법은 없기 때문이다.

6분 책 읽는 약속 습관, '디지털 디톡스'
...

한 연구 결과에 따르면 하루에 6분만 책을 읽어도 스트레스가 68%까지 줄어든다고 한다. 또한 근육이 이완되고 긴장감이 저하되며 심박수가 낮아진다고 한다. 이는 음악 듣기, 산책과 비슷한 결과의 스트레스 해소 방법으로 독서가 매우 효과적이라는 사실을 방증하는 일이 될 것이다. 더불어 독서는 공감의 힘, 마음의 안정, 건강한 정신도 기대할 수 있다.

누군가는 하루에 겨우 6분밖에 안 읽어도 되느냐고 반문할 수 있다. 하지만 하루에 6분만을 생각하는 것이 아니라 일주일, 한 달, 더 나아가 1년 내내 '꾸준히 실행하는 하루 6분'을 생각해야 한다. 하루에 1시간 책을 읽고 일주일 동안 책을 펼치지도 않고 지내다가 생각났을 때 하루에 몇 시간씩 보상심리로 책을 읽는 것과 매일매일 6분이 주는 효과는 천차만별이다. 꾸준히 6분씩 읽어나가는 것이 중요하다.

하루 6분씩 아이와 함께 책을 읽는 시간을 약속해보자. 그러면 하루 6분이 60분의 집중력을 키울 수 있는 시간을 우리에게 가져다준다. 무슨 일이든 오랫동안 꾸준히 반복해서 익힌 행동을 이길 수 있는 것은 없다. 사소하게 여겨지는 습관의 힘이 목표를 세우고 실천하는 원동력이 된다.

숏폼, 탄수화물, 게임, 쇼핑, 인터넷 등의 중독을 독서 중독으로 변화시켜보자. 각종 디지털 기기의 사용을 중단하고 명상과 독서 등을 통해 심신을 치유하는 시간이 필요하다. 가장 짧은 시간에 나를 발전시킬 수 있는 방법 그리고 우리 아이를 교육시킬 수 있는 방법은 독서뿐이다. 작은 실천으로 균형 잡힌 시간을 채우면서 삶의 질을 높이도록 하자.

tip 활동 제안_ 우리 집 디지털 디톡스

1. 식사 시간엔 휴대전화 없이 음식에 집중하기
2. 습관적으로 휴대전화 확인하지 않기
3. 하루에 10분 독서하고 필사하기
4. 잠자리 디지털 기기 멀리하기
5. 산책할 때 휴대전화 없이 나가기
6. 사용 시간 체크하고 기록하기

경제를 아는 게
세상을 아는 첫걸음:
《아기 돼지 삼 형제가 경제를 알았다면》

밥을 먹을 것인가 책을 살 것인가
...

'선택'은 우리가 살아가면서 맞닥뜨리는 필연적인 순간이다. 둘 중 하나 또는 여럿 가운데서 필요한 것을 하나 '선택'해야 하는 순간을 우리는 수없이 많이 마주친다. 많은 고민 끝에 하나를 선택했다면 선택에 집중해서 노력해도 시간이 부족하다. 그런데 우리는 종종, 아니 많이 포기한 것들을 떠올린다. 선택하는 과정에서 포기해야 했던 나머지 기회들에 대해 지속적으로 미련을 갖는다. 특히 내가 선택한 것이 생각대로 잘 풀리지 않을 때 나머지를 선택했다면 어땠을까, 다른 것을 선택했더라면 더 좋지 않았을까 하는 생각을 더 자주 하게 된다. 그러나 사실 우리가 더 집중해서 고민해야 할 지점은, 지금 선택한 것보다 오히려 포기한 것, 그중에서도 가장 가치 있었던 선택지다. 이것을 경제 용어로 '기회비용'이라 한다. 기회비용이란 더 나은 선택을 위해 포기한 가장 가치 있는 대안을 뜻한다. 결국 무엇을 포기할지에 대한 깊은 고민과 시간은, 더 나은 선택을 위한 안내서가 되어준다.

내가 만약 만 원을 소비하려 한다고 생각해보자. 만 원으로 책 한 권을 살지 맛있는 점심 한 끼를 먹을지 고민할 수 있다. 만약 책을 사기로 결정했다면, 이 선택의 기회비용은 포기한 한 끼의 식사다. 책 한 권이 주는 가치나 만족을 선택할 때는 동시에 포기하게 되는 다른 선택지의 가치도 함께 고려해야 한다. 그래야만 더 현명한 선택을 할 수 있다

그렇다면 이런 선택은 왜 필요할까? 책도 사고 먹고 싶은 것도 다 사 먹고 그러면 안 되는 걸까? 답은 자명하다. 우리의 욕심이나 바람은 끝이 없지만 그것을 만족시켜줄 자원은 유한하기 때문이다. 무한한 욕구에 비해 유한한 자원이 우리를 선택의 기로에 서게 하는 것이다. 이때의 자원은 돈일 수도 있고, 시간일 수도 있다. 한정된 자원 안에서 어떤 선택을 하느냐가, 현재와 미래의 우리를 결정한다. 기회비용의 핵심은 '선택'과 '집중'에 있다.

누가 누가 잘 짓나에서 한 발 더 나아간 동화
...

어려서부터 '경제'를 이해하는 것은 매우 중요하다. 그리고 그 시작을 그림책으로 할 수 있다면 그것만큼 좋은 출발도 없다. 예를 들어, 아이 스스로 만 원을 아껴 집밥을 먹고 대신 책을 샀을 때 그 선택이 가져오는 '기회비용'을 이해한다면 아이의 사고와 성장은 전과는 완전히 달라질 것이다.

아이들이 쉽게 경제에 대한 기초를 알 수 있도록 도움을 주는 대표적인 그림책으로 어린이 경제신문 박원배 대표가 쓴 《아기 돼지 삼 형제가 경제를 알았다면》(스푼북, 2022)이 있다. 우리에게 친숙한 옛이야기로 아이들이 어려워하는 경제 이야기를 쉽고 재미있게 알려주는 초등 경제 입문서다. 딱딱하고 어려운 경제 개념과 원리를 전래 동화(《새끼 서 발로 장가든 총각》, 《심청전》), 세계 명작(《황금 알을 낳는 거위》,) 탈무드, 신화 등 익숙한 옛날이야기 속에 녹여서 쉽고 재미있게 익힐 수 있도록 도와준다. 이뿐 아니라 이야기 속에 숨은 경제 이야기를 통해 생활 속 경제를 알아볼 수 있다.

예를 들어, 엄마 돼지는 삼 형제에게 자립심을 키워주기 위해 각자 집을 짓고 살아보라는 독립 과제를 내린다. 형제들은 각자의 성격과 성실성(?)에 따라 다양한 재료로 집을 짓고, 그 집은 결국 '늑대'라는 위험에서 스스로를 보호하기 위한 수단이 된다.

즉, '집을 짓는 선택'은 경제적 판단과 삶의 전략으로 해석된다.

게으른 첫째는 지푸라기를 대충 모아 집을 짓고는 낮잠을 즐기며 먹보 둘째는 산 중턱에 떨어진 나뭇가지를 주워 와 집을 짓는다. 부지런하고 똑똑한 막내만이 늑대가 침입하지 못하도록 튼튼한 흙벽돌로 단단한 집을 짓는다. 이후 벌어지는 이야기는 우리가 익히 아는 바와 같다. 날림으로 지은 첫째의 지푸라기 집이 늑대의 입김에 어이없이 날아가고, 나뭇가지로 지은 둘째의 집도 늑대의 힘에 쉽게 무너진다. 반면 단단한 흙벽돌로 만든 막내의 집은 늑대의 공격을 막아내 삼 형제는 무사히 목숨을 건진다는 이야기다.

그런데 박원배 저자의 책은 이 고전의 가르침에서 한 발 더 나아간다. '누가 누가 더 잘 짓나'에서 '어떤 방법이 더 합리적이었을까?'에 대한 물음을 던진다.

최소의 비용 최대의 효과, 협업
· · ·

엄마 돼지가 아기 돼지들에게 나가서 집을 지으라고 할 때 각자 집을 짓는 방식은 돼지 형제들의 '선택'에 달려 있었다. 고전 동화는 '선택'의 영역을 어떤 재료와 방법으로 지을 것인가에 국한했다면, 박원배 저자는 '합리적인 방법론'으로 그 영역을 확장한다. 저자는 묻는다. 엄마 돼지가 늑대로부터 각자를 보호할 집을 지어 독립하라고 했을 때 형제들은 다양한 방법론(무술을 배워 늑대를 이길 힘을 기르기, 일해서 번 돈으로 경호원 고용하기, 늑대와 협상해서 먹을 것 제공하고 평화 보장받기 등)을 모색할 수 있었을 것이라고 말이다. 그리고 그중에서 가장 올바른 것을 선택하는 것을 '합리적 선택'이라고 부르며, '합리적 선택'은 세상을 살아가는 데, 그것도 경제적인 선택을 하는 데에 매우 중요한 기준이 된다고 말이다.

경제에서 합리적 선택은 비용과 편익(쉽게 말해 돈을 지불했을 때 얻는 효용과 가치)을 기준으로 한다. 즉, 적게 지불하고 많은 효용(가치와 만족)을 얻을 때 경제에서 '합리적인 선택'을 했다고 할 수 있다. 이런 관점에서 보자면, 아기 돼지 삼 형제는 각기 따로 집을 지을 것이 아니라 셋이 힘을 합쳐 튼튼한 벽돌집을 짓고 늑대에 맞섰을 때 가장 좋은 효과를 볼 수 있다. 시간은 물론이고 자본(돈)도 아낄 수 있기 때문이다.

결국 아기 돼지 삼 형제가 취했어야 할 가장 합리적인 선택은 '협업'이다. 이처럼 고전 동화에서 알기 쉬운 경제적인 개념과 용어를 쉽게 설명해준다. 이뿐 아니라 경제의 기초부터 자원과 생산에 대한 이야기, 소득과 소비, 돈과 생활, 국가경제와 국제경제까지, 아이들이 알아야 할 최소한의 경제 지식을 빠짐없이 담고 있다. 아이들에게 읽어주다 보면 부모인 나의 경제 지식까지 높아지는 것을 느낄 수 있는 책이다.

tip 활동 제안_ 집에서 경제를 배워요

아이들에게 경제를 알려주기 위해 할 수 있는 가장 편리한 방법은 용돈 기입장을 적게 하는 일이다. 요즘은 아이들이 '엄카(엄마 카드)'를 가지고 다니거나 '카카오페이' 등을 충전해 다니면서 마음대로 간식을 사 먹고 학용품을 사는 모습을 흔히 볼 수 있다.

그러나 이 방법은 아이들의 '과소비'를 불러일으킬 요인이 크다. 아이들이 얼마를 쓰는지도 모른 채 하루에 습관처럼 사 먹는 간식 소비도 절제가 필요하다. 따라서 카드를 준다면 일정 금액만 쓸 수 있는 체크카드를, 카카오페이 머니를 활용한다면 이 역시 한 달이나 일주일 등 기간을 정해서 일정액을 용돈으로 주는 방법을 택하는 것이 좋다. 이 습관은 우리 아이들이 성장해서 직업을 갖게 되었을 때(본인이 경제 주체가 되었을 때) 아주 탄탄한 도움을 줄 것이다. <경제 신문>을 가족이 함께 구독하는 것도 좋다. 이는 좀 더 큰 아이들(고등학생)에게 좋은 효과를 준다.

tip 활동 제안_ 화폐박물관으로 떠나는 경제 나들이

대표적인 화폐박물관은 한국은행이 운영하는 '한국은행 화폐박물관'이다. 한국의 화폐 역사와 금융 시스템을 체험할 수 있는 공간으로, 다양한 전시물이 전시되어 있다.

위치는 서울특별시 중구 남대문로 39, 한국은행 본관 내에 있으며 운영 시간은 오전 10시~오후 5시(월요일, 공휴일 휴관)다. 입장료는 무료다. 서울 지하철 4호선 회현역에서 가깝다.

이곳에서는 고려시대, 조선시대의 화폐부터 현대의 원화(₩)까지 한국 화폐의 변천사를 살펴볼 수 있다. 세계 화폐도 전시되어 있어 다양한 나라의 화폐를 비교하며 각국의 경제 및 문화적 특징을 이해할 수 있다. 화폐의 위조 방지 기술과 관련된 전시물을 통해 화폐 제작의 정밀성과 보안 요소를 배울 수 있는 기회가 되며 화폐와 금융 시스템의 원리를 배울 수 있는 교육 콘텐츠가 마련되어 있어 금융·경제 교육을 하기에 적합하다. 박물관 건물 자체가 1912년에 지어진 근대 건축물로, 문화재적 가치도 높다.

가족 단위 방문객을 위한 체험 프로그램도 운영되므로 역사적 건축물 탐방을 겸한 유익한 문화 체험 활동이 될 수 있다.

생명은 경이로워:
《염소 시즈카》

누구나 볼 수 있지만 나만 볼 수 있는 책

도서관에서 수업에 필요한 책을 찾고 난 뒤 여유가 있을 때는 도서관을 바로 나오지 않고 책을 둘러보는 편이다. 그런 날이면 이상하게도 좀 특별한 책들을 찾고 싶어진다. 전시장에 있는 그림을 보듯 좁은 서가 사이에서 최대한 뒤편에 등을 붙이고 제목이 안 보이는 책부터 찾는다. 주로 책장 높이보다 세로로 큰 그림책들은 책등이 안 보이고 책 밑면이 보이게 가로로 꽂아놓는다. 대부분 도서관 서고는 책과 책 사이가 빽빽한데, 멀리서 보면 책 한 권과 한 권의 사이가 비어 있는 듯 보이는 곳이 있다. 그 사이를 비집고 들여다보면 너무 작아서 거의 보이지도 않는 책을 발견하게 된다. 난 그 책을 끄집어내서 읽고야 만다. 반대로 가로가 너무 커서 책들 위에 얹혀져 있거나 책장 앞으로 삐죽이 나와 다른 책과 균형을 맞추지 못하고 툭 튀어나와 있는 책도 있다. 그림책 크기가 천차만별이어서 그렇다.

나는 이처럼 유별나게 꽂혀 있는 책들에 관심이 간다. 그렇게 유별난 책들을 찾다가 발굴한 책이 다시마 세이조 작가의《염소 시즈카》(황진희 옮김, 보림, 2018)였다. 그림책이라고 보기엔 유달리 두껍고 유난히 눈에 띄던, 그리고 글씨체도 그림도 너무나 마음에 들던.

평범한 도서관에서 찾아내는 특별한 책은 누구나 볼 수 있지만 나만 볼 수 있는 책이 된다. 흔히 볼 수 있는 보통의 그림책들과 구별되는 그림책은 분명 내용도 특별함을 지니고 있다.

우리 집에 온 염소 시즈카는요…
・・・

"시즈카는 봄에 우리 집에 온 염소랍니다. 이 그림책은 아기 염소 시즈카가 엄마 염소가 되기까지의 이야기예요. 모두 정말로 있었던 일을 바탕으로 만들었습니다. 그러니까, 이 그림책은 시즈카와 우리 가족의 그림일기라고 할 수 있지요."

첫 장에 기록된 작가의 말처럼, 시즈카는 다시마 세이조가 키운 실제 염소 이야기다.

시즈카는 일본 말로 '조용함, 고요함'이라는 뜻이다. 매애애 울어대는 염소에게 조용히 하라고 소리치다 보니 어느새 시즈카 라는 이름이 되었다. 따스한 봄날 책의 주인공 나호코 집에 눈이랑 입이랑 코 둘레, 귓속만 분홍색인 귀여운 아기 염소가 왔다. 시즈카는 봄부터 겨울, 다시 봄이 올 때까지의 시간을 나호코 가족과 함께 보낸다.

시즈카는 때론 말썽도 피우지만 가족들과 점점 친해진다. 작가는 시즈카가 새끼를 낳고 새끼를 다시 떠나보내면서 엄마 시즈카로 성장해 나가는 일곱 편의 이야기를 한 권의 그림책 안에 담았다.

그림책 치고는 매우 두꺼운 208쪽의 책이라 처음엔 의아했지만, 우리가 생명을 키울 때 필요한 시간만큼 분량이 많을 수밖에 없었을 것이다. 책의 페이지나 무게만큼이나 우리가 생명을 키워내는 과정은 결코 가볍지 않다는 사실을 얘기해주는 것 같다. 일본 원서 그대로의 세로쓰기를 고수한 점도 특징이다. 일본 그림책이 국내에 많이 번역되어 있지만, 이 책은 다른 일본 번역서와는 달리 세로쓰기를 고수하고 있다. 또 그런 이유에서, 책장도 반대 방향으로 넘기게 되어 있어 읽기에 까다롭고 조금 힘들 수 있지만 오히려 아이들에게 책의 구성이 다른 이유를 설명해주면 좋다.

(시골 생활에서라면) 특별할 것 없는 나호코네 식구의 일상은 도시에 사는 사람들에겐 특별함으로 다가온다. 우리의 일상이 나호코네에게는 특별한 외출이 되듯이 말이다. 그림책 속의 긴 이야기는 광활한 자연과도 같고, 그래서인지 자연 앞에 겸손해지는 작가의 세계관이 책장마다 숨 쉬고 있다.

총 일곱 개의 이야기를 채우는 내용은 다음과 같다.

1. 아기 염소가 왔어: 나호코네 집에 온 귀여운 아기 염소가 좌충우돌 동네를 돌아다니면서 사고를 친다. 여기저기 똥을 싸고(심지어 밥상에 올라와!) 다니는 사고뭉치 시즈카. 그 모습에 나호코는 엉엉 울며 어쩔 줄 몰라 한다.

2. 시즈카의 결혼: 외로운지 느닷없이 울던 시즈카가 다정한 숫염소를 만나 결혼을 하게 되었다. 드디어 어른이 된 시즈카.

3. 축하해, 시즈카: 겨울 내내 나호코와 시즈카는 사이가 좋지 않았다. 새끼를 배서 시즈카가 예민해졌던 것이다. 갑자기 혼자 있던 시즈카가 큰 소리로 울었다. 쏜살같이 달려간 나호코의 눈앞에 갓 태어난 아기 염소가 일어나려고 안간힘을 쓰고 있었다. 시즈카의 감격스러운 출산!

4. 시즈카와 뽀로: 새끼를 낳은 시즈카가 변했다. 우리 안에서 똥오줌을 누는 일도 없고 우리 안을 절대로 지저분하게 내버려두지 않는다. 아기 염소를 돌보는 엄마 시즈카의 사랑이 정말 대

단하다. 아기 염소가 뛰어다니자 따각따각 소리가 났는데, 그 소리를 듣고 뽀로(일본어로 따각따각)라는 이름을 붙여주었다.

5. 잘 가, 뽀로: 나호코가 걱정하던 날, 옆 동네 사는 큰아버지가 뽀로를 데려가는 날이 왔다. 나호코는 시즈카를 데리고 멀리 멀리 나갔다.

6. 아빠의 젖짜기: 젖을 만드는 건 시즈카의 일이고 젖 짜는 일은 아빠의 몫. 그러나 아빠는 매번 실패하고 만다. "아빠, 시즈카가 좋아하는 밀기울을 주면서 짜는 건 어때?" 나호코가 좋은 생각을 해냈다. 성공이다. 엄마는 시즈카의 젖으로 시즈카 우유, 시즈카 치즈, 시즈카 요구르트, 시즈카 아이스크림을 만들었다.

7. 사고뭉치 시즈카: 줄이 끊어져 강 건너 마을로 간 시즈카는 밭에 있는 양배추, 가지, 토마토까지 먹었다. 길에 떨어진 동글동글한 염소 똥을 따라가 보니 그곳에 커다란 풍선 같은 배를 한 시즈카가 있었다. 엄마는 미안해서 어쩔 줄을 몰라 하며 구운 과자를 몽땅 (밭 주인) 할아버지께 드렸다. 그래서 나호코는 과자를 한 개도 먹지 못했다. 그러나 나호코는 이번엔 울지 않았다. 처음 시즈카가 나호코네 집에 왔을 때는 엉엉 울기만 했는데……. 대신 풍선처럼 부푼 배의 시즈카를 혼내주는 나호코. 그만큼 나호코도 큰 것이다.

성장하는 경이로움, 성장시키는 경이로움

· · ·

 나는 살아 있는 생명을 키우는 데는 별다른 재주가 없다. 그런 내가 직접 생명을 키웠다면 식물을 키워본 경험이 전부인데 그마저도 오래 키우지 못하고 다 죽어버렸다. 이런 내게 친구가 '살식마'라는 조금은 끔찍한 단어를 알려주었다. 식물을 키우기만 하면 죽이는 사람을 가리켜 부르는 말이라고 했다. 한 생명을 키워내는 것이 얼마나 어려우면 식물을 키우지 못하는 사람을 일컫는 단어까지 생긴 건지 조금은 이해가 간다.
 하지만 아이들만큼은 잘 키우고 있다고 자부한다. 식물보다 더 소중한 내 아이를 한 생명으로 이끌어내 훌륭히 키우고 있으니 말이다. 모든 게 '처음'이라는 것은 설레고 소중한 기회의 단어지만 그만큼 서툴고 힘든 일임에 분명하다. 처음 아이를 낳고 아무것도 모르면서 키워 나간 시간들이 지금 생각하면 무사히 잘 지내온 시간이지만, 그 시간을 만약에 미리 알았더라면 그렇게 쉽게 시작하지는 못했을 것이다. 시즈카를 처음 키우면서 겪은 크고 작은 소동보다 더 큰 일들이 아이를 키우는 집에 일어나니 말이다. 어떻게 재우는지도 몰라 밤새 자지 않는 아이와 함께 음악을 들으며 보낸 밤이 까마득하다. 잠시만 기저귀를 늦게 채워주면 기다렸다는 듯 바닥이나 옷에 실례를 하는 경우도 있었다. 말도 못 하는 아이와 하루종일 있으면서 난 아이의 눈빛과 작은 몸짓으로 그 속내를 다 알아차려야 했지만 항상 잘 알아채지는 못했다. 내가 도대체 무슨 말을 못 알아들었는지 아이가 계속 울어대 같이 울면서 엄마한테 전화를 한 기억도 있다. 염소는 태어나자마자 엄마 젖을 먹기 위해서 안간힘을 쓰며 일어서기를 한다는데, 나는 아이에게 밥을 먹이기 위해 안간힘을 썼다. 젖을 오래도록 먹이다가 이유식을 처음 먹이는 날은 드디어 사람이 되었다고 농담을 한 기억도 있다.

이처럼 아이를 키우는 일은 고되고 긴 시간과 노력이 들어가야 가능한 과정이다. 눈물도 몇 줌 추가되었겠지. 한 생명을 키워내는 일이 다 그렇다. 정성을 들이는 시간 없이는 결코 할 수 없는 일이다. 지나고 나면 성장한 아이들을 보면서 다 잊고 또 뿌듯해한다. 잊고 싶은 순간이든 잊고 싶지 않은 순간이든 모든 일은 시간이 지나면서 기억에서 조금은 잊힌다. 그러나 정말로 잊고 싶지 않거나 더 오래도록 기억하고 싶은 순간을 우리는 기록하거나 사진으로 남겨놓는다. 다시마 세이조가 시즈카와 딸 나호코를 위한 그림책을 만든 것처럼.

일상의 경이로움을 기록하다

· · ·

아이들과 함께하는 일상이 경이롭다고 느껴본 적이 있을까? 우리가 느끼는 경이로움은 엄청나게 놀라고 신기한 일일 텐데, 날마다 반복되는 생활을 경이롭다고 느끼면서 살아가는 사람은 드물 것이다. 일상은 정말 말 그대로 일상일 뿐일 테니 말이다. 그러나 어느 순간 일상의 소중함, 일상의 경이로움이 무슨 말인지 깨닫기 시작했다. 자고 있는 아이들을 보면 내가 낳아서 먹이고 정성 들여 키워냈다는 것이 믿기지 않는다. 벅찬 감정이 오르고 그때 정말 일상의 경이로움을 느낀다. 그저 평범하게만 느껴지는 일상, 날마다 같은 일이 되풀이되는 시간들이 쌓이고 쌓여서 경이로운 한 생명을 키워내고 있는 것이다.

새 생명을 키워나가는 과정이 조금은 특별한 책을 찾는 것과 그 책들을 봐주고 아껴주고 소중히 보관해야 하는 것과 크게 다르지 않다. 성장 속에서 벌어지는 수많은 이야기와 실수와 웃음들이 사진처럼 기억에 선명히 남길 바란다. 마음속에 넣어둔 기억을 글로 남겨 오래도록 간직하길 바란다.

거창하게 책을 만든다고 생각하지 않아도 좋다. 아이들과 순간순간 기억하고 싶은 날들을 그림으로 그리거나 사진을 찍어둔 후에 그 당시의 느낌들을 기록하면 된다. 일기 형식이어도 좋고 그저 한 장의 메모여도 좋다. 점점 흐려지는 기억들을 선명하게 기록해 놓는다면 아이와 함께 소중한 추억이 남을 것이다.

나호코처럼 순간이 '지금'이라는 것을 느끼고, 얼마나 아름답고 소중한 시간이었는지 오래도록 기억하는 일이 기록하는 행위로 이어지면 좋겠다. 그런 의미에서 아이들과 함께 그림일기를 만들어두면 얼마나 좋을까 싶다. 과장된 이야기나 멋진 그림, 거창한 글솜씨는 필요 없다. 그저 일상을 기록하는 것만으로도 꽤 훌륭한 그림책이 될 것이다.

 북 큐레이션_ 도서관에서 발견한 특별한 책

《춤》(이세경, 반달, 2018)

《줄타기 한판》(민하, 글로연, 2022)

《나의 작은집》(김선진, 길벗어린이, 2024)

《할머니의 저녁 식사》(M. B. 고프스타인, 이수지 옮김, 미디어창비, 2021)

《행복한 숲속의 아기 동물들》(줄리아 도널드슨 글, 샤론 킹 차이 그림, 사파리, 2021)

《나의 구석》(조오, 웅진주니어, 2020)

《특별한 책》(커스틴 홀 글, 다샤 톨스티코바 그림, 김서정 옮김, 미래엔아이세움, 2014)

《잡아라 잡아!》(황상미, 반달, 2019)

《엄마의 선물》(김윤정, 상수리, 2016)

《반딧불이 정원의 어느 밤》(안 크로자, 이세진 옮김, 시금치, 2023)

《세상의 낮과 밤》(파니 마르소 글, 조엘 졸리베 그림, 이정주 옮김, 보림, 2015)

《커다란 공룡들이 사는 큰 공룡책》(크리스티나 반피·크리스티나 페라보니 글, 프란체스카 코산티 그림, 김지연 옮김, 꿈터, 2019)

《아래에 무엇이 있을까요?》(클라이드 기퍼드 글, 케이트 매클렐런드 그림, 김영선 옮김, 보림, 2017)

《너는 누굴까?》(안효림, 반달, 2017)

> **tip 활동 제안_ 일상 다이어리 또는 일상 그림책 일기 쓰기**
>
> 어른이 되어서는 일기를 쓸 일이 없다. 그리고 일기를 쓴다는 것 자체가 무언가 글쓰기 행위의 일부이기에 부담스럽기도 하다. 이럴 때 내가 권하는 것이 바로 그림 일기다.
>
> 그림일기는 아이들이 유치원 때나 초등학교 1~2학년 때 쓰고 그 뒤로는 쓰지 않는데, 어른이 되어서 그림일기를 쓰면 의외로 재미있는 취미 생활이 된다.
>
> 아이들이 어리다면, 엄마 아빠의 그림일기를 보여줘도 아주 좋다. 가족이 함께 간 여행지, 함께 나들이한 장소, 외식한 곳 등의 추억을 그림일기로 그려서 같이 공유하면 좋은 추억이 될 수 있다.

이것은 성장통:
《우리는 안녕》

이별을 힘들어하는 친구를 위해

· · ·

햇살 좋은 날 친구와 차를 마시기로 약속했다. 평소와 달리 분위기 좋은 2층 카페를 찾은 우리는 햇빛이 창으로 너무 깊게 들어와 블라인드를 내려야 했다. 적당히 해가 가려져 있는 반대편 넓은 창문은, 활짝 열면 시원한 바람이 들어오는 공간이었다. 그곳에서 우리는 따뜻한 커피를 가운데 두고 그동안 하고 싶었던 이야기를 마음껏 사이좋게 번갈아 가며 하고 있었다. 그러다가 어느 순간 친구의 말이 느려졌다. 시간이 더디게 흘러가는 것처럼 느껴지는 순간 친구의 표정이 미세하게 변하고 있었다.

"사실은 우리 강아지가 많이 아팠는데 얼마 전에 먼저 갔어."

나는 왜 먼저 갔다는 말의 깊은 의미를 그렇게 빨리 알아들었을까? 차라리 그때 어디를 간 거냐고 물을 정도로 순수한 아이처럼 무지하거나, 눈치가 없어서 그 말을 되물었다면 좋지 않았을까 싶었다. 한 번에 알아듣고 이해한 내가 그런 일을 예상이라도 하고 있었던 것처럼 미안하게 느껴졌기 때문이다.

친구는 자신의 딸에게 어떻게 얘기해주고 이해시켜줘야 하는지 모르겠다며 울먹거렸다. 딸이 더 슬퍼할까 봐 가늠조차 할 수 없는 깊은 슬픔을 누르고 있었던 게 틀림없다. 딸을 위로하기 위해서 웃고 아무렇지 않은 척해야 하는 시간들이 더 괴로웠을 것이다. 슬픔에 잠겨 있지 않기 위해 움직이고 밥을 먹고 잠을 청하는 시간이 괜찮은 건지 모르겠다며, 너무 슬프다가도 다음 날 느끼는 허기에 밥을 먹는 것조차도 정말이지 부끄럽고 이기적인 것 같다고 말했다. 꼭 죽음만이 이별은 아니다. 우리가 살아가면서 나의 선택으로, 때론 나의 의지와는 상관없이 누군가와 헤어지는 경험을 하는데 이때마다 안녕이라는 말은 다른 의미로 남을 것이다.

나는 반려견과의 이별을 힘들어하는 내 친구의 딸을 위해 헤어짐에 관한 책을 조심스레 권했다. 내가 권한 이야기는 시인 박준과 서양화가 김한나 작가가 함께한 시 그림책《우리는 안녕》(난다, 2021)이다.

처음 하는 말, 처음 아는 말 안녕

• • •

주인공 단비는 박준 시인의 아버지가 키우던 반려견이다. 그래서 그림책을 보기 전에 《우리가 함께 장마를 볼 수도 있겠습니다》(박준, 문학과지성사, 2018) 속 〈단비〉라는 시를 읽고 보면 더 좋다.

그림 역시 한 편의 시 같다. 단비에게 날아든 새와 친구가 되어가는 과정 속에서 작가는 저마다의 '안녕'을 되새겨본다. 안녕은 '처음 하는 말'이기도 하고 '처음 아는 말'이기도 하다. 또한 말하고 싶을 때, 말하기 싫을 때에도 '해야 하는 말'이 안녕이라고 한다.

실제로 안녕이란 단어는 한마디에 수많은 의미를 가지고 있다. 어감이나 억양의 차이로 전혀 다른 느낌으로 다가오고 전달되기도 한다. 처음 만나는 설렘의 안녕, 오랜만에 만나는 반가움의 인사도 안녕이듯이 말이다. 아쉬움이 잔뜩 묻어 있는 이별의 안녕, 영원한 헤어짐 앞에서도 하고 싶지 않은 말이지만 안녕이라는 말을 꺼내야 한다. 이렇게 여러 의미와 여러 상황을 함축하는 말이 또 있을까?

단비는 새에게서 '안녕'을 배운다. 처음 '안녕'을 말하고 처음 '안녕'을 안다. 마지막에 날아가는 새에게 말한다. '안녕'이라고. 단비가 '안녕'의 의미를 알게 되는 순간이다.

만남과 헤어짐을 같은 단어로 인사하는 나라는 우리나라뿐이라고 작가는 말했다. 안녕이 이렇게나 슬프고 안녕이 이렇게나 어려울 줄 몰랐음을, 그럼에도 그리하여 부디 오늘도 여러분의 안녕이 안녕하기를 간절히 바라는 마음에서 이 그림책을 썼다고 한다. 성장한다는 것은, 어쩌면, 기쁨과 슬픔의 '안녕' 모두를 알게 되는 과정일 것이다. 단비가 새끼들과 '안녕' 하고 길게 울었듯, 그리고 반려견의 아픔 앞에서 시인의 아버지가 '함께 울고 돌아왔듯' 말이다.

올해 두 살 된 단비는
첫배에 새끼 여섯을 낳았다

딸이 넷이었고
아들이 둘이었다

한 마리는 인천으로
한 마리는 모래내로
한 마리는 또 천안으로

그렇게 가도
내색이 없다가

마지막 새끼를

보낸 날부터

단비는 집 안 곳곳을

쉬지 않고 뛰어다녔다

밤이면

마당에서 길게 울었고

새벽이면

올해 예순아홉 된 아버지와

멀리 방죽까지 나가

함께 울고 돌아왔다

—〈단비〉 전문

이별은 두려운 게 아니야
· · ·

나도 어릴 적 할머니와 함께 살던 집에 커다란 개가 있었다. 마당에만 있었던 터라 그리 가깝게 지내지는 않았지만 개와 함께 보낸 추억이 있다. 그런데 어느 날 개가 대문을 열어놓은 틈에 나가버려 집으로 돌아오지 않았다. 몇 날 며칠을 밤에도 대문을 살짝 열어놓고 다시 돌아오길 기다렸던 날들이 떠오른다.

이처럼 이별은, 어느 날 갑자기 우리 앞에 찾아와 우리를 훌쩍 성장시키고 돌아가는 '익숙한 삶의 동반자' 같다. 삶에서 가장 피할 수 없는 이별은 아마 가까운 존재의 '죽음'일 것이다. 이별은 어느 날 갑자기 찾아올 수도 있고, 반대로 마음의 준비를 하고 맞이할 수도 있다. 죽음 말고도 '이별'의 순간은 허다하다. 헤어짐, 상실, 잊혀짐 등 많은 사건과 사연이, '이별'과 동행한다.

우리 딸들이 강아지를 키우고 싶다고 하면 난 키우면서 힘든 점을 얘기한다. 경제적인 부분도 크지만 말 못 하는 어린아이처럼 강아지를 돌봐줘야 하는 상황을 설정해본다. 그리고 강아지가 혼자 집에 있어야 하는데 외로워하지 않겠냐며 키우더라도 '나중에' 생각해보자고 기한을 늘리면서 미루지만, 실은 나도 강아지가 너무 좋다. 그런데 내가 정작 키우지 못하는 가장 큰 이유는 이별에 대한 두려움 때문이다. 슬픔의 시간, 상실감을 잘 이겨내기 위해서는 건강한 마음으로 이별해야 한다고 한다. 하지만 이별은 생각만 해도 너무 슬프다. 슬픔보다 더 큰 두려움을 이겨낼 자신이 없다. 그래서 강아지를 키울 수 없다고 이런저런 핑계를 대면서 미룬다.

강아지뿐 아니라 고양이, 물고기, 햄스터, 거북이, 새 등 우리

나라 네 가구 중 한 가구가 반려동물을 키우고 있다고 한다. 전문가들은 반려동물과의 이별도 아이들에게 좋은 교육이 된다고 하지만 교육까지 생각하면서 어린아이들에게 이별을 경험하게 하고 싶지 않은 게 나의 솔직한 마음이다. 가능하다면 우리 아이에게만큼은 이별의 아픔 없이 평생을 살아가게 하고 싶은 것이 부모 마음일 것이다. 그러나 그런 바람 현실적으로 불가능한 일이라는 걸 우린 모두 알고 있다. 어린아이들이 이별을 삶의 동반자처럼 받아들일 수는 없어도, 적어도 피할 수 없이 '일어나는 일'이라는 것을 간접적으로나마 경험하게 해줄 수는 있다. 그런 의미에서 박준 작가의 시 그림책은 많은 이야기를 (그림책의 배경이 된 시와 함께) 아이와 나눌 수 있는 책이 되어준다.

웰다잉
...

반려동물과의 이별뿐 아니라 우리는 나이가 들수록 사람과 사람 사이의 이별에 대해서도 자연스레 생각하게 된다. 요즘은 100세 시대를 살아가면서 삶의 시간이 길어진 만큼 죽음을 준비하는 데에도 많은 의미와 시간을 들이게 된다. 말 그대로 잘 죽는 것에 대한 준비로 웰다잉(well-dying)이라는 말도 자주 접할 수 있다. 인간으로서 존엄성과 가치, 품위를 지키며 삶을 마무리하는 것을 의미하는 말이다.

어렸을 때는 한 번도 깊이 생각해보지 않은 일들이다. 나에게는 아주 먼 이야기 혹은 동화책 속에서나 나오는 이야기인 줄 알았는데 점점 현실로 다가오는 일들을 겪으면서 나도 나이가 들어가는구나라는 생각이 든다. '죽음'이라는 단어는 입 밖으로 꺼내기도 힘든 단어다. 죽음이란 단어가 형상화돼서 내 앞에 있기 전, 내가 뱉어낸 단어로 가까이 다가오는 게 겁난다. 그래서 우리는 죽음의 완곡한 표현을 찾아 말하려고 애쓰는지도 모른다. 하늘나라로 갔다, 무지개다리를 건넜다, 천국에 갔다, 별이 됐다, 나보다 먼저 가서 나를 기다려줘 같은 말로 대신한다. 아마도 모두 편한 곳에서 좋은 시간을 보내길 바라는 마음을 담고 싶기 때문일 것이다.

아이들에게도 이별을 회피하지 않고 자연스럽게 이야기해주는 시간이 필요하다. 중요한 것은 단순히 이별의 사실을 전달하는 것이 아니라, 그 상황을 받아들일 수 있는 마음을 키우는 일이다. 이별을 견뎌낼 힘이 필요한 것이다. 사랑으로 함께한 시간을 충분히 기억하면서, 천천히 이별을 받아들이는 과정이 중요하다. 외부의 영향 속에서도 자신의 생각과 감정을 지켜낼 수 있는 마음의 힘을 키운다면, 우리 아이들은 한층 더 성장할 수 있을 것이다.

내 친구의 딸이 그림책을 통해 반려견과의 이별을 조금은 덤

덤하게 받아들일 수 있었으면 좋겠다. 반려견과 행복했던 순간이나 사랑하는 사람과의 시간을 기억하고 있다면 이별이 찾아오더라도 그 기억은 오랫동안 추억으로 함께할 수 있다. 좋은 시간을 함께 보낸 아름다운 기억은 결코 사라지지 않는다. 곁에 없다고 해서 달라지는 것은 없다. 잃어버린 마음을 그동안 함께한 기억들로 잘 채우고, 현실을 받아들이는 시간이 오기를 바란다. 그리고 다시 일상으로 돌아오게 되면, 슬픔 또한 이겨낼 수 있을 것이다.

이별을 견디고 마음을 채워가는 시간을 그림책과 함께했으면 좋겠다. 몇 마디의 짧은 글이지만 따뜻한 그림과 어우러져 내 마음을 위로해주고, 내가 전하고 싶은 말을 대신 전달해줄 수 있다. 그림책과 함께하는 이 시간이 세상으로 나아가는 마음을 준비하는 시간이 되기를, 그리고 만남과 이별을 통해 성장하는 시간이 되기를 바란다. 이별은 온점이 아니라 방점을 찍는 시간이다.

북 큐레이션_ 죽음과 이별에 대해 이야기 나누기 좋은 책

《무릎딱지》(샤를로트 문드리크 글, 올리비에 탈레크 그림, 이경혜 옮김, 한울림어린이, 2020)

《망가진 정원》(브라이언 라이스, 이상희 옮김, 밝은미래, 2020)

《나는 죽음이에요》(엘리자베스 헬란 라슨 글, 마린 슈나이더 그림, 장미경 옮김, 마루벌, 2024)

《혼자 가야 해》(조원희, 느림보, 2011)

《사랑하는 당신》(고은경 글, 이명환 그림, 곰세마리, 2020)

《너와 함께 있을게》(베르너 홀츠바르트 글, 머다드 자에리 그림, 박혜수 옮김, 금동이책, 2019)

《내가 함께 있을게》(볼프 에를브루흐, 김경연 옮김, 웅진주니어, 2007)

《여행 가는 날》(서영, 위즈덤하우스, 2018)

《이게 정말 천국일까?》(요시타케 신스케, 고향옥 옮김, 주니어김영사, 2016)

《할아버지가 낮잠 자는 동안에》(나오미 다니스 글, 박정화 그림, 김세실 옮김, 후즈갓마이테일, 2019)

《친구의 전설》(이지은, 웅진주니어, 2023)

《만남》(백지원, 봄봄, 2017)

《셋째 날》(성영란, 반달, 2018)

마음은 어디에 있나요?:
《서서 자는 사람》

잠이 도망간 밤
・・・

누구나 한 번쯤은 밤에 잠자리에 누웠는데 도통 잠이 오지 않아 뒤척였던 경험이 있을 것이다. 쉽게 잠들지 못해 애먹는 경험이 누구에게는 한 번일 수도, 누군가에게는 반복되는 고통일 수도 있다. 누군가는 잠이 오지 않아 힘들어하는 이에게 양의 수를 세거나 숫자를 100부터 거꾸로 세어보라고 얘기한다. 나는 이렇게 잠이 오지 않으면 호흡법까지 동원한다. 요가의 가장 기본이 되는 복식 호흡은 기본이고, 478호흡법(4초간 숨을 들이마시고 7초간 숨을 참은 후 8초간 숨을 내뱉는 이완 운동)을 해본다. 호흡법이 지켜지면 머리부터 눈, 턱, 어깨 순서로 근육을 하나씩 축 늘어뜨린다는 생각으로 이완하는 해파리 수면법까지 시도한다. 이런 행위는 숫자나 호흡에 집중하면서 불필요한 생각을 없애고 숙면으로 가기 위함이다.

매일매일 이런 고단한 작업이 필요하다면, 편안한 휴식으로 이어져야 할 잠이 얼마나 나를 괴롭히고 있는지 알게 된다. 잠은 종일의 일을 멈추고 편안한 마음으로 몸과 마음을 쉬는 일인데, 쉬는 일마저 '일'이 되고 마는 것이다.

아픈 데가 없는데 나는 왜 힘든 걸까?
・・・

《서서 자는 사람》(신소라, 웅진주니어, 2019)의 주인공도 마찬가지다. 사람들이 저마다 활기찬 하루를 시작하는데 주인공의 아침은 하나도 즐겁지 않다. 어제도 그제도 잠을 자지 못해 괴로운 얼굴로 침대를 바라보며 서 있다. '서서라도 잠들 수 있다면 얼마나 좋을까?'

소녀의 할머니는 언제나 누워만 있었다. 소녀가 혼자 자전거를 타게 된 날에도, 처음으로 친구를 사귄 날에도, 멋지게 발표회를 한 날에도. 할머니는 그렇게 침대에 계속 누워계시다가 깊은 땅속에 누워 영원히 잠들어버렸다. 그 후로 소녀는 자려고 누우면 안 좋은 일이 생길 것만 같아 누울 수가 없었다. 길을 건널

때면 횡단보도가 침대처럼 보이고 하얀 구름도 자신을 덮치는 침대처럼 느껴졌다.

　병원에 가보았지만 이상한 곳은 없었다.

　"아픈 데가 없는데 나는 왜 힘든 걸까?"

　소녀는 병원을 나서다가 온통 초록빛으로 둘러싸인 공원을 보았다. 공원에서 잠시 쉬어가기로 한 소녀. 공원에는 의자에 앉아 쉬거나 음악을 듣는 사람, 돗자리를 펴고 이야기를 나누는 사람들이 있었다. 모두 편안해 보였다. 소녀는 자신도 나무 그늘에 앉아 눈을 감고 숨을 크게 내쉰다. 바람도 느끼고 새들의 소리도 듣는다.

　그날 이후 소녀는 잠도 편안히 자고 상쾌한 아침을 맞이한다. 첫 장면에서 흑백으로 밝아오는 아침과는 달리 푸르른 아침을 맞이한다.

설렘보다는 고통이 잠을 자주 앗아간다
・・・

　주인공 소녀가 잠들지 못하는 이유는 할머니의 죽음이 가지고 온 '마음의 상처' 때문이다. 할머니의 죽음이 소녀에게 깊은 트라우마로 남은 것이다. 그래서 소녀는 잠드는 것이 무서웠고, 눕는 것이 공포스러웠다.

어렸을 때부터 할머니와 함께 자란 나는 이 마음이 너무나 이해되었다. 내가 결혼하고 할머니가 많이 아프셔서 요양병원에 오래 계셨다. 육아 전쟁을 핑계로 자주 찾아뵙지는 못했지만 병원에 가면 늘 침대에만 누워 계셨다. 난 그때도 할머니가 계속 그곳에 계실 거라는 어리석은 생각을 했고, 우리 아이들이 조금 더 크면 자주 찾아뵐 수 있을 거라는 어린애 같은 생각을 했다. 할머니는 오래 기다려주지 않으셨다.

몇 년 전 할머니의 장례식장에서 울고 있는 내 모습이 너무 낯설었고 지금도 할머니의 마지막을 함께하지 못했다는 마음이 불쑥 나를 괴롭힌다. 하지만 마지막을 직접 마주했다면 나도 한동안 서서 자는 사람의 주인공이 되었을지도 모른다. 할머니가 계시지 않는다는 생각에 나도 종종 잠을 이루지 못했다. 할머니의 사진이 떠올라 서성이는 시간이 답답해서 한밤중 산책을 나간 적도 있다. 어느 날은 그냥 잠을 포기하고 일어나 작은 스탠드 불빛에 의지해 책을 본 적도 있다. 누군가에게 얘기해보고 싶었지만, 어쩐지 내 마음을 드러내는 것이 부끄럽기도 하고 나를 온전히 이해해줄 것 같지 않아서 혼자만 생각하고 여러 날을 보냈다. 더 이상 눈물은 나지 않지만 컴컴한 밤이 조금은 두려운 날들이 있다.

다 커서 혼자 방을 쓰는 나이가 된 딸이 가끔은 베개까지 들고 내 옆으로 온다. 무서운 꿈을 꾼 날, 무서운 영화를 본 날은 잠이 오지 않는다고 했다. 반면, 기대되는 다음 날을 앞두었을 때도 잠을 설친다. 고대하던 체험학습을 가기 전날이거나 침대맡에 여행 가방을 잔뜩 싸둔 여행 전날. 이런 설렘으로 잠을 이루지 못한다면 정말 다행이다. 하루 정도의 시간만 약속하면 다시 잠을 청할 수 있으니 말이다.

며칠 동안 계속되는 이유 없는 불면의 밤은 정말 괴롭다. 잠을 자지 못한다는 괴로움, 그 잠을 방해하는 괴로움의 이유가 마음의 상처라면 더더욱 고통스럽기만 할 것이다.

우리에겐 애도와 수용의 시간이 필요하다
...

《서서 자는 사람》의 주인공 소녀가 초록빛 공원에서 쉰 다음 잠을 찾은 것은 바로 '애도의 시간'을 보냈기 때문이라고 생각한다. 마음의 상처를 극복하기 위해서는 상처와 결별할 시간이 필요하다. 마음의 상처를 치유할 수 있는 시간은 사람마다 다르다. 우리가 느끼는 슬픔에 대한 통상적인 애도 기간은 3~6개월이라고 하지만, 길게는 몇 년씩 마음의 병이 계속되는 사람도 있다. 각자의 방법과 자신의 속도에 따라 충분한 애도의 시간이 필요하다.

애도의 시간에 우리는 어떤 과정을 거치게 되는 것일까? 엘리자베스 퀴블러 로스는 에세이 《인생 수업》(류시화 옮김, 이레, 2014)에서 죽음 직전의 사람들을 만난 이야기를 풀어놓는다. 정신과 의사이자 작가로 30년 이상 죽음에 대해 연구한 로스는 'DABDA 이론'을 통해 상실과 좌절의 단계를 다섯 단계로 나눈다. 1단계 부정(Denial), 2단계 분노(Anger), 3단계 타협(Bargaining), 4단계 우울(Depression)과 마지막 5단계 수용(Acceptance)이다.

마지막 두 단계인 우울과 수용의 단계에서는 슬픔과 상실에 대해 깊숙이 이해할 수 있는 시간이 필요하다. 상실에 대한 슬픔을 받아들이고 내면의 평화를 찾는 과정이 바로 수용의 단계이기 때문이다. 따라서 누군가 마지막 단계에서 힘들어하고 있다면 괜찮다는 조언보다는 그들의 이야기를 들어주면서 휴식하고 수용할 수 있도록 기다려주는 시간이 필요하다.

《서서 자는 사람》의 주인공 소녀는 초록빛 공원을 만나 충분히 애도하고 쉬는 시간을 가질 수 있었다. 마음을 회복하고 다시 일어설 수 있는 에너지를 얻었다. 내가 좋아하는 장소에서 나를 돌아보는 시간과 자연을 느끼는 여유를 갖는다면, 마음의 상처에서 나를 떨어뜨려 놓을 수 있다. 나를 안심하게 할 수 있는 시간을 스스로에게 제공하는 일이 중요한 이유다.

상처 없이 크는 사람은 없고, 이별 없이 사는 인생은 없다. 우리에게 중요한 것은 상처받지 않고 이별하지 않는 것이 아니라 상처와 이별 이후 스스로를 얼마나 잘 보듬고 기다려주느냐다.

주인공 소녀처럼 우리도 각자의 초록색 숲을 찾아 들어가 보자. 갑작스레 마주하는 상실을 공허한 마음으로 멀찍이 밀어내지 말고, 따뜻한 위로와 보살핌으로 채워가는 시간으로 만들면 좋겠다.

 북 큐레이션_ 마음아 마음아, 넌 어디 있니?

《이름짓기 좋아하는 할머니》(신시아 라일런트 글, 캐드린 브라운 그림, 신형건 옮김, 보물창고, 2019)
《안녕, 울적아》(안나 워커, 신수진 옮김, 모래알, 2019)
《사자도 가끔은》(허아성, 길벗어린이, 2020)
《잃어버린 영혼》(올가 토카르축 글, 요안나 콘세이요 그림, 이지원 옮김, 사계절, 2018)
《나는 강물처럼 말해요》(조던 스콧 글, 시드니 스미스 그림, 김지은 옮김, 책읽는곰, 2021)
《마음이 아플까봐》(올리버 제퍼스, 이승숙 옮김, 아름다운사람들, 2010)
《마음을 담은 병》(데버라 마르세로, 김세실 옮김, 나는별, 2023)
《감정호텔》(리디아 브란코비치, 장미란 옮김, 책읽는곰, 2024)
《청소기에 갇힌 파리 한 마리》(멜라니 와트, 김선희 옮김, 여유당, 2016)
《망가진 정원》(브라이언 라이스, 이상희 옮김, 밝은미래, 2020)

tip 활동 제안_ 아이들과 나들이하면서 애도를 체험하자

아이들이 죽음이나 이별 등 감당하기 버거운 감정을 느꼈거나 경험했다면, 이와 관련된 책을 읽고 '애도'를 할 수 있는 장소를 찾아가면 좋다. 가장 쉽게 접근할 수 있는 곳은 국립 현충원이다.

아니면 거꾸로, 명절에 조부모님 산소나 추모관 등 추모의 공간에 다녀온 뒤 죽음과 이별에 관련된 책을 읽고 이야기를 나누어도 좋다.

구겨지고 돌돌 말리고, 그래서 꿈꾸는 봉지 : 《나는 봉지》

개똥도 약에 쓰려면 없다고요?
...

권정생 선생님의 오랜 동화 《강아지똥》은 보잘것없고 쓸모없다며 슬퍼하던 강아지똥이 민들레의 양분이 되며 자신의 가치를 깨닫게 되는 이야기를 전한다. 이 책이 고전이 되어 계속 읽히는 이유는 '존재'와 '가치'에 대한 변하지 않는 물음에 대한 정답을 강아지똥이 들려주기 때문이다.

강아지똥의 희생으로 태어난 민들레도 외양만으로 보면 화려하고 멋진 꽃은 아니지만, 우리들의 봄날을 뚜렷하게 떠올려주는 그 무엇보다 '위대한' 꽃이다. 누구나 어린 시절, 입바람을 크게 불어 민들레 홀씨를 날려본 추억이 있을 것이다. 민들레는 그렇게 누군가의 숨결에 힘입어, 때론 한 줄기 바람에 실려 멀리멀리 퍼져 나가는 꽃이니까. 나 역시 우리 아이들과 민들레 홀씨를 날려 보내며, 멀리멀리 퍼지라고 주문을 외웠던 기억이 있다.

개똥도 약에 쓰려면 없다던 속담은 평소에 하찮게 여겨지던 것도 막상 필요할 때는 구하기 어렵다는 의미지만, 실제 우리 삶에서 '개똥'이 되는 존재는 없다. 다만 우리가 '개똥'으로 착각하는 존재가 있을 뿐.

아이들은 모든 사물에 의미를 부여하고 가치를 부여한다. 이를 잘 알 수 있는 것이 '이름 붙이기'다. 우리 아이들만 해도 초등학교에 들어가기 전까지는 저마다 애착 인형에 이름을 붙여 데리고 다녔다. 잠자리에 들 때는 물론이고 낯선 곳으로 여행을 갈 때, 저마다 속상한 일이 있을 때 아이들은 애착 인형을 품에 안고 잠이 들거나 혼자 있는 시간을 견뎌냈다.

아이들이 쓸모에 따라 '가치'를 부여하거나 '가치'를 어른처럼 매기기 시작하는 것은 '철이 들면서'부터다. 그때는 각자 기준에 따라 가치를 부여하거나, 가치의 서열을 매기거나 한다. 자연스러운 성장의 결과다. 그래서 우리는 아이들에게 '가치'의 의미를 좀 더 다층적으로 들여다볼 수 있도록 알려주어야 한다. 그래야 세상에 쓸모없는 '강아지똥'은 없다는 것을 아이들이 알 수 있으니까.

자신의 '쓸모'를 찾아서 떠난 여행

...

어느 하루, 아이와 장을 보고 돌아오면서 손에 들린 비닐 봉지를 보다가 그림책 《나는 봉지》(노인경, 웅진주니어, 2017)가 떠올랐다. 동시에, 아이에게 '가치'에 대한 이야기를 나눌 좋은 기회라는 생각이 들었다. 딸에게 어린 시절의 '애착 인형'을 기억하느냐고 먼저 물었다. "그럼 기억하지"라며 당연하다는 듯 답변해주었다. 왜 그 이름을 오랫동안 기억하느냐고 묻자 아이는 자기의 추억이 담긴 것이라서 그렇다고 했다.

나는 곧이어, '이름'을 붙이는 것의 의미를 이야기해주었다. 사물에 이름을 붙이면 '의미'를 획득하게 된다. 이름을 불러주자 나에게로 와서 '꽃'이 되었다는 김춘수 시인의 말처럼, 우리에게 이름은 존재에 의미를 부여하는 하나의 행위가 되기 때문이다.

《나는 봉지》는 봉지가 사람들에게 어떤 가치를 띠는지 생각하게 해주는 그림책이다.

시장에서 돌아온 노란 봉지는 물건을 덜어내고 다용도실 한쪽에 놓이자 이제 자신의 쓸모는 '끝'이라고 생각한다. 구겨지고 돌돌 말린 채 쓰레기를 담거나, 아니면 아예 아무도 찾지 않는 신세가 될 거라고…….

그때 창밖의 바람이 노래하는 소리가 들려오고, 노란 봉지는 갑자기 바깥세상이 궁금해진다. 바람을 만나 궁금증을 담고 하늘로 날아간 봉지는 여행을 하면서 많은 사람들을 만난다. 아이들과 숨바꼭질도 하고, 무슨 일 있냐고 누군가에게 묻기도 한다. 그렇게 세상 구경을 즐겁게 하다가도 어느 날씨가 흐리고 바람이 부는 날엔 길바닥에 떨어져 밟히기도 한다. 장에서 물건을 담을 때만 해도 세상에 꼭 필요한 봉지였는데, 엉망이 된 노란 봉지는 정말로 쓸모없이 쓰레기봉투에 버려진다.

그래도 노란 봉지는 여행을 포기하지 않는다. 새로운 친구들도 만나고, 강아지와 마음을 나누고, 나뭇잎의 노래를 듣고 돌멩이의 속삭임으로 길에서 만난 사람들의 마음을 위로하는 따뜻한 봉지가 된다. 다시 바람에 실려 주인공에게 돌아온 노란 봉지는 그동안 만난 사람들의 이야기를 들려주기 시작한다. 노란 봉지의 여행은 자신의 '쓸모'를 찾아 '스스로' 떠난 모험이다.

가치에 대한 이야기
•••

그림책은 간결한 글과 반복되는 그림으로, 어린이는 물론이고 어른들에게도 속 깊은 감동을 전달한다.

1장에서도 말했듯 페리 노들먼은 《그림책론 — 어린이 그림책의 서사 방법》(김상욱 옮김, 보림, 2022)에서 그림책을 "어린이를 위해 연속되는 그림들이 상대적으로 글과 결합하거나 글 없이 정보를 소통하고 이야기를 들려주는 책"이라고 정의 내린다. 그러면서 그림책이 다른 형식의 시각 예술이나 언어 예술과는 구별된다고 강조한다.

《나는 봉지》야말로 노들먼의 그림책 정의에 매우 아름답게 부합하는 책이라고 생각한다. 사물과 사람의 소통, 가치에 대한 의미를 '노란 봉지' 하나로 아름답게 연결하기 때문이다.

노인경 작가는 책의 말미에 이렇게 쓴다.

"많은 것들이 너무 쉽게 사용되고 버려지고 잊혀지고 있습니다. 가끔 살아 있는 것들도요. 모두가 일생을 충실히 살아낼 수 있게 실패에 관대하고 충분한 기회가 주어지는 사회가 되길 바랍니다."

'가치'의 사전적 의미는 여러 가지다. 1차적으로는 '사물이 지니고 있는 쓸모'를 뜻하지만, 철학적 의미에서 '가치'란 대상이 인간과의 관계에 의하여 지니게 되는 중요성을 뜻하기도 하고, 개인적 신념, 목표, 또는 삶의 원칙을 뜻하기도 한다. 작가는 세상에서 스스로 쓸모를 찾아 나서는 것의 중요성, 가치 있는 것과 가치 없는 것의 기준을 타인에게 맡기지 말고 스스로가 판단할 것을 말하고 있는 듯하다. 노란 봉지가 '나는' 노란 봉지라고 할 때의 '나'가 주는 의미의 중요성이, 이 책을 읽고 나자 더 크게 다가온 까닭이 여기에 있다.

노란 봉지처럼, 진정한 나를 찾고 싶을 때 주저하지 말고 용기를 내보자. 나를 창밖으로 나아갈 수 있게 도와줄 용기와 가치에 대한 신념, 자신감을 가슴에 가득 불어넣자. 자신이야말로 '나'에게 가장 먼저 가치 있는 사람이 되어야 한다는 사실을 잊지 말자.

하나의 사물에 수많은 질문을 던지는 연습
・・・

삶의 원동력은 진정한 자유와 용기 있는 모습으로 나의 가치와 목표를 찾는 것이다. 세상에는 여러 가지 길이 있다. 삶의 방식에 정답은 없다. 아이들에게 여러 가지 길이 있음을 이야기해주는 일이 필요하다. 이를 위해 많은 경험을 하고, 많은 이야기를 듣고, 많은 사람과 교류해야 한다. 노란 봉지가 여행에서 값진 경험을 얻고, 길 위에서 사람들에게 나누어줄 위로를 찾은 것처럼 말이다.

《노란 봉지》를 읽고 나서 아이들과 서로 질문하고 대답하는 시간을 가지면 훨씬 활발하고 능동적인 독서 체험을 할 수 있다. 자신의 경험을 바탕으로 앞으로 하고 싶은 일을 계획하거나, 가족・친척・친구의 경험을 함께 나누며 이야기를 확장해 나갈 수 있다. 중요한 것은 아이들이 스스로 질문을 만들고 답을 찾아가는 과정이다. 엄마든 선생님이든, 아니면 형제자매든 책을 읽고

난 뒤 궁금증이 생겼다면, 그 자체로 아이에게는 경험이 확장되는 귀한 계기가 될 수 있다.

 북 큐레이션_ 질문이 마구 솟아날 수 있는 그림책

《생각하는 ㄱㄴㄷ》(이지원 글, 이보나 흐미엘레프스카 그림, 논장, 2021)

《마음의 집》(김희경 글, 이보나 흐미엘레프스카 그림, 창비, 2010)

《네 개의 그릇》(이보나 흐미엘레프스카, 이지원 옮김, 논장, 2015)

《작은 파란 의자》(케리 페이건 글, 매들린 크뢰퍼 그림, 최현미 옮김, 시공주니어, 2020)

《강아지똥》(권정생 글, 정승각 그림, 길벗어린이, 2014)

《일곱 할머니와 놀이터》(구돌, 비룡소, 2022)

《쿠키 한 입의 인생 수업》(에이미 크루즈 로젠탈 글, 제인 다이어 그림, 김지선 옮김, 책읽는곰, 2008)

《호랑이 씨 숲으로 가다》(피터 브라운, 서애경 옮김, 사계절, 2014)

《할머니와 하얀 집》(이윤우, 비룡소, 2018)

tip 활동 제안_ 아이들에게 물어보세요

《노란 봉지》를 읽고 아이들과 질문하고 대답하는 시간을 가져보자. 훨씬 활발하고 능동적인 독서 체험을 할 수 있을 것이다.

Q1. 엄마와 시장에 다녀와서 같이 봉지를 정리해본 경험이 있니?

Q2. 시장이나 마트에서 주로 어떤 것을 봉지에 담아왔어? 주로 네가 담아오는 종류는 뭐지?

Q3. 그림책 작가는 왜 봉지를 노란색으로 선택했을까? 그 이유를 나름대로 추리해보자.

Q4. 여행을 다녀온 노란 봉지는 가장 먼저 친구에게 어떤 이야기를 해주었을까?

Q5. 한 번 쓰고 버려지는 물건들은 뭐가 있을까? 또 노란 봉지처럼 한 번 더 쓸 수 있는 물건이 있다면 그건 무엇일까?

Q6. 만약 네가 한 번만 쓰일 수 있는 존재라면 너는 어떤 경험을 하고 싶어?

Q7 고민 있는 친구에게 무슨 일 있냐고 물어본 적이 있니? 친구의 고민은 무엇이었어?

Q8. 이 세상에 쓸모없는 물건이 있다고 생각해?

6장

세상을 배우고 미래를 묻는다

나를 찾는 위대한 여행을 떠나자:
《매튜의 꿈》

꿈을 찾으면서 동시에 꿈을 확정하라고요?
· · · ·

"네 꿈이 뭐야?"

아마도 아이들이 가장 많이 듣는 질문이자 제일 듣기 싫어하는 질문 중 하나일 것이다. 어느 날, 문득 아이의 꿈과 진로가 궁금해져서 학교에서 돌아온 아이에게 물었다.

그러자 아이는 대답했다.

"직업을 꼭 지금 정해야 해? 왜?"

조금은 화가 섞인 목소리였다. 가는 날이 장날이라고, 마침 학교에서 진로 수업을 하면서 진학하고 싶은 대학 학과를 정하라고 한 모양이었다. 아이는 대학교에 어떤 학과가 개설되어 있는

지도 정확히 모르는데 학과를 정하는 것도 이상하고, 또 하나만 정해서 이야기해야 하는 것은 더더욱 이상하다고 했다. 학과 정하는 것도 당황스러운데 앞으로의 직업과 관련된 진로를 결정하라고 하니, 왜 벌써 꿈을 결정해야 하는 건지 모르겠다고 했다. 아이는 이어서, 진로 수업에서 자신이 직업을 정하고 나면 꿈을 향해 계속 노력하고 있다는 걸 증명해 나가는 활동을 해야 한다며 불만을 토로했다. 꿈을 향해 나아갈 길을 찾는 동시에 꿈을 정하라니, 이런 모순이 어디 있나 싶은 모양이었다.

진로와 직업은 분명히 다른 의미를 가진다. 진로는 앞으로 나아갈 방향을 찾는 것이지만, 생계를 위해 계속해야 할 직업을 지금 당장 정하라는 것은 어린 친구들에게 지나치게 가혹한 일일 수 있다. 무엇을 해야 할지 모르고, 아직 하고 싶은 일이 떠오르지 않은 친구들은 자신이 뒤처진 것 같아 조바심을 느낀다. 직업은 지금 당장 정해야 할 대상이 아님에도, 자신이 마치 도태된 삶을 살고 있는 것처럼, 계획 없이 사는 사람처럼 느껴지기도 한다.

프로 N잡러가 가능한 시대
• • •

지금의 입시 제도 아래에서는 고등학교에 입학하는 순간부터 학과와 진로를 선택해서 매진해야 학생생활기록부의 세부 항목을 채워나갈 수 있으므로, 현실적으로 진로 특강이 이루어지는 것은 어쩔 수 없는 일이다. 하지만 답을 빨리 정하라고 하면 안 된다. 아이들에게 충분한 시간을 주고 자신이 무엇을 잘하고 무엇을 하고 싶은지 탐색할 기회를 주어야 한다. 부모에게도 아이에게도 이 시간은 반드시 필요하다.

아직 뚜렷한 직업을 정하지 않은 우리 아이는 물론이고 독서 수업을 하면서 만나는 친구들에게도 물어보면, 직업을 정한 친구들은 몇 없다. 그리고 막연하게나마 직업을 정한 친구들도 예전처럼 하나만을 집어서 말하지 않는다.

"꼭 하나만 정해야 하는 건 아니잖아요?"

실제로 요즘 아이들은 직업에 대한 개념이 기성세대와는 확연히 다르다. 평생직장과 평생직업의 개념은 없어진 지 오래고, 실제로 투잡, 쓰리잡 등을 병행하며 생활하는 젊은이들도 많은 게 사실이다. '프로 N잡러'라는 말이 나올 정도로 한 사람이 여러 직업을 가지고 있는 경우도 많다.

무슨 직업이 있는지도 모르고, 또 직접 경험해본 적도 없는데 어떻게 직업을 확정하느냐고 되묻는 친구들도 있다. 학교에서 직업 체험을 하기도 하지만, 대부분은 너무 익숙하고 단편적인 활동에 그쳐, 진짜 직업의 세계를 제대로 이해하기 어렵다. 게다가 4차산업혁명이 시작됨에 따라 사라지는 직업, 새로 생겨나는 직업이 계속 바뀌는 중이다. 이렇게 급변하는 세상에서 아이들에게 어떤 가이드를 해주어야 할까?

　나는 다양한 매체를 활용하라고 말하고 싶다. 영화, 드라마, 책, 뉴스 등 여러 매체를 통해 간접 경험하게 하고 부모가 아이와 같이 새로운 지식과 정보에 관심을 기울이는 것. 그중 아이가 더 관심을 갖는 분야를 적극적으로 공부하고 탐색하는 기회를 부모가 함께 찾아주는 시간이 무엇보다 필요하다.

　학교 진로 수업에서 아마 이런 기회를 일차적으로 제공해줄 것이다. 나는 아이들이 진로 수업을 통해 자신의 진로를 확정하려고 애쓰기보다는 많은 직업과 변화하는 산업환경에 대한 지식을 습득하는 것을 목표로 삼기를 바란다. 단일한 직업보다는 큰 범주 안에서 자신의 적성에 맞는 카테고리를 찾고 급하지 않게 진로와 직업을 탐색해야 한다. 이를 바탕으로 자신의 미래를 스스로 계획해야 한다. 우리가 모르는 수많은 직업과 그 안에서 찾을 수 있는 나의 숨은 재능을 스스로 살피면서, 궁극적으로는 부모님이 원하는 직업과 아이들이 원하는 꿈의 간극을 메워야 한다. 그 사이에서 부모님들은 아이들이 원하는 것을 스스로 찾아갈 수 있도록 기다리고 도와주어야 한다.

온 세상을 다 보고 싶어요

· · ·

레오 리오니 작가의 《매튜의 꿈》(김난령 옮김, 시공주니어, 2019)에 나오는 생쥐 부부와 아들 매튜는 꿈을 찾는 주체가 누가 되어야 하는지를 너무나도 간명하게 알려준다.

낡은 먼지투성이 다락에 사는 매튜와 부모님. 매튜의 부모는 외아들 매튜에게 거는 기대가 크다. 그 기대란 아들이 커서 의사가 될지도 모르며, 그럴 경우 매일매일 맛있는 치즈를 먹으며 살게 될 거라는 것. 그런 기대로 부모님은 매튜에게 "너는 무엇이 되고 싶니?"라고 묻지만 매튜는 이렇게 대답한다.

"음…… 전, 온 세상을 다 보고 싶어요."

부모가 생각하는 꿈과 매튜가 상상하는 꿈은 다르다.

어느 날 매튜는 친구들과 미술관을 처음 방문해 두 번의 운명적인 만남을 갖는다. 첫 번째는 넋을 잃고 눈이 휘둥그레지는 그림과의 만남이다. 언뜻 봐서는 이해가 안 되는 그림들도 있었지만 그 안에서 뜻하지 않게 온 세상을 만나게 된다.

그리고 두 번째는 그림 감상을 하다가 마주친 니콜레타와의 만남이다. 그날 밤 매튜는 신기하고 아름다운 꿈을 꾸었다. 어마어마하게 크고 환상적인 그림 속을 니콜레타와 손잡고 걷는 행복한 꿈이었다. 현실로 돌아와 잠에서 깨어난 매튜는 꿈도 니콜레타도 옆에 없다는 사실을 깨닫는다. 꿈과 함께 모든 '꿈'이 사라졌다. 우중충하고 쓸쓸해 보이는 다락 구석에서 깨어난 매튜의 눈에 눈물이 고였다. 그때 갑자기 마법처럼 눈앞에 있는 것들이 변하기 시작했다. 칙칙한 색이 환하게 바뀌고 음악 소리가 멀리서 들려오는 순간 매튜는 깨닫는다.

"이제 알았어요. 제가 무엇이 되고 싶은지요. 저는 화가가 되고 싶어요."

매튜는 커다란 캔버스를 기쁨의 색과 모양들로 가득 채워가며 마침내 화가의 꿈을 이룬다. 누군가 그림 제목을 물으면, 매튜는 마치 한 번도 생각해보지 않은 것처럼 대답한다.

"'나의 꿈'이랍니다."

꿈은 자신의 힘으로 만들어나가야 생명력이 강하다. 어려움에도 뜻을 굽히지 않고 꿈을 찾아가는 시간을 채워나갈 때 저절로 힘이 강해진다.

내가 좋아하는 것 vs 내가 잘하는 것?
...

매튜도 처음에는 뚜렷한 꿈이 없었다. 꿈의 출발점은 역시 '내가 하고 싶은 것'이다. 내가 하고싶은 것을 하려면 어떻게 해야 하지? 질문을 던지면 꿈을 찾는 것이 조금은 수월하다. 내가 잘하는 것과 내가 좋아하는 것 사이에서 우리는 매번 갈등한다. 그 사이에 적당한 기회와 공간이 있다면 얼마나 좋을까? 하고 싶은 일과 해야 하는 일 사이에서 미묘한 차이를 깨닫고 고민하는 것처럼 말이다.

내가 잘하는 것은 이미 익숙하고 능숙한 분야이기 때문에 발전할 수 있는 기회가 많다. 직업적으로도 안정성이나 성취감을 느낄 수 있다. 내가 좋아하는 것은 열정이 있는 분야에서의 활동으로 큰 만족감을 주고, 장기적으로 더 행복할 수 있다. 두 가지를 어떻게 조화롭게 이끌어 나갈 수 있을지가 우리에게 늘 주어지는 과제다.

그러나 꼭 내가 좋아하고 잘하는 것 중 택일할 필요는 없다. 잘하는 일을 하기 위해 좋아하는 일을 취미로 삼을 수 있고, 좋아하는 일을 하기 위해 잘하는 일을 직업으로 삼을 수 있다. 무엇보다 좋아하는 일을 꾸준히 하면서 하루하루 노력하는 것이 중요하다. 내가 좋아하는 일에 먼저 도전하고 그중에서 잘하는 걸 찾는 과정, 그 단계에서 직업을 찾는 과정이 반복되길 바란다. 단기 계획을 세우고 일 년에 하나씩 계획한 것을 이루면서 확인된 결과물을 만들어내는 것도 중요하다. 매일매일 노력하고 지속적으로 하다 보면 언젠가는 길이 열리고 기회가 오게 마련이다. 단계적으로 목표를 세우고 실행해 나가면 부담을 줄일 수 있다. 이런 방법들을 통해서 좋아하는 것과 안정성을 동시에 고려하면서 직업을 선택할 수 있다. 중요한 것은 자신에게 맞는 균형을 찾는 것이다.

자신의 의지와 상관없이 누군가가 정해준 길을 가고 있다면 어려운 상황에서 쉽게 포기하게 될 것이다. 지속력을 가지고 좋아하는 것에 도전한다면 더 많은 동기를 부여받을 수 있다. 좋아하는 분야에 관심 있는 친구들과 관계망을 형성하며 정보와 기회를 얻는다면 안정적인 직업으로 가능성을 높일 수 있다.

선택은 나만의 것
...

나는 여러 가지 직업을 가지고 있다. 많은 일들을 하면서 계속 생각하고 고민한다. 내가 좋아하는 게 뭐지? 내가 잘하는 게 뭐지? 내가 정말 원하는 것을 찾고 그 과정으로 한 발씩 내딛는 길을 아직도 지나고 있다.

우리 엄마는 어렸을 때부터 나에게 꼭 하나의 직업을 택하라고 말씀하신 적이 없다. 무엇을 하겠다고 결정할 때도 반대하지 않으셨다. 한 가지에 머무르지 않고, 한 곳에 한정하지 않고, 내 선택을 믿고 끝까지 나의 결정을 따라주셨다. 그래서 지금도 내가 계속 더 잘할 수 있는 일, 발전할 수 있는 길을 고민할 수 있는 것 같다.

나는 하고 싶은 일이 아직도 많다. 길을 하나로 정하고 가능성이 있는 것, 꼭 이뤄야만 하는 것을 위해 나아갈 필요는 없다고 생각한다. 실패에 대한 두려움에 겁먹지 않고, 모든 경험을 온전히 마주하며 앞으로 나아가길 바란다. 첫 발자국이어도 좋고 이미 누군가가 밟고 지나간 흙길이어도 좋다. 내가 지나갈 수 있다면 한 발 한 발 내딛고 나아가는 과정이 중요하다. 우리 아이들이 새로운 길을 두려워하지 않았으면 좋겠다.

다니던 길이 아닌 새로운 길로 돌아서 가보는 것도 괜찮다. 가다가 막다른 길이 나온다면 다시 돌아올 수 있는 마음의 준비를 하면 된다. 우리 아이들과 내가 가르치는 아이들을 매튜처럼 '온 세상을 다 보는 아이'로 키워내고 싶다.

우리 엄마는 내가 어떤 선택에서 실패하더라도 겉으로 속상해하거나 슬퍼하는 모습을 보이지 않으셨다. 잘못한 일에 대해서도 엄하게 꾸짖거나, 과거를 들추며 나무란 적이 없다. 덕분에 나는 과거를 돌아보지도 않고, 과거에 머무르지 않는 슬기로움을 조금 더 빨리 깨달을 수 있었다. 엄마는 늘 내가 앞으로 나아가는 일에만 힘을 쏟고, 나를 '오늘'에 집중하도록 했다.

내일을 꿈꾸고 오늘을 설계하다 보면 한 발씩 길이 열린다. 하나씩 하나씩 해나가면 되는 것이다. 단어 하나하나가 모여서 문장을 만들고, 그 문장들이 모여 지금의 글이 완성되는 것처럼 말이다. 애쓰는 시간들이 쌓여 하나의 작품을 이뤄내고, 작은 노력들이 모여 결국 큰 결과를 만들어낼 것이다.

우리 엄마가 내게 그랬던 것처럼 나도 아이들에게 선택을 강요하지 않고, 과거를 돌아보면서 머무르기보다 앞으로 나아가도록 돕고 싶다. 내가 사랑하는 일, 사소하게 좋아하는 일을 꾸준히 하다 보면 언젠가는 큰 성과로 이어질 것이라 믿는다. 우리 아이들의 선택을 믿고, 오늘의 걸음을 따뜻하게 응원해주자.

 북 큐레이션_ 꿈을 찾는 데 도움이 되는 책

《대단한 무엇》(다비드 칼리 글, 미겔 탕코 그림, 김경연 옮김, 문학동네, 2019)
《나는 커서 어떤 일을 할까?》(미케 샤이어, 김영진 옮김, 주니어RHK, 2022)
《미래 직업 어디까지 아니?》(박영숙 글, 에스더 그림, 박영숙 옮김, 2015)
《나에게 작은 꿈이 있다면》(니나 레이든 글, 멜리사 카스트리욘 그림, 이상희 옮김, 소원나무, 2018)
《리나 보 바르디》(앙헬라 혜온, 이민 옮김, 이유출판, 2022)
《꿈이 자라나는 말》(로라 에둥, 이현아 옮김, 나무말미, 2024)
《멸치의 꿈》(유미정, 달그림, 2020)
《물이 되는 꿈》(루시드 폴 노래, 이수지 그림, 청어람아이, 2020)
《네모의 꿈》(유영석 글, 안소민 그림, 창비, 2020)
《엄마 꿈속에서》(유준재, 문학동네, 2013)
《빨간 나무》(숀 탠, 김경연 옮김, 풀빛, 2019)
《세상에서 가장 아름다운 꿈》(밀랴 프라흐만, 최진영 옮김, 웅진주니어, 2023)

환경은 우리의 미래:
《안녕, 폴》

아무것도 사지 않는 날은 가장 힘든 날
...

 도서관에서 '그림책으로 보는 환경 이야기' 수업을 진행한 적이 있다. 환경을 주제로 한 그림책을 함께 읽고 토론하며, 생태환경과 재활용의 중요성과 방법을 자연스럽게 배우는 활동 중심의 수업이다. 그림책을 읽은 후에는 환경과 관련된 주제를 자연스럽게 이야기하며 낱말퀴즈, 빙고 게임, 재팔용품을 이용한 생활용품 만들기, 환경 용어 알아보기 등으로 다양한 독후 활동을 한다.
 이에 더해 환경 관련 기념일을 알아보고 종이가방 만들기, 마스크 방향제 만들기, 업사이클링 팝업북 만들기, 휴지심 연필꽂이 만들기, 병뚜껑 냉장고 자석 만들기, 분리배출 마크 알아보기, 에어캡 장바구니 만들기, 하드스틱 문패 만들기, 환경의 날 포스터 만들기 등 다양한 활동을 진행한다. 이처럼 자칫 지루할 수 있는 환경 수업을 다채로운 활동으로 구성해 흥미를 끌어 올린다.

아이들은 대부분 즐겁게 참여하며 적극적으로 활동에 임하지만, 아쉽게도 이런 흥미가 환경에 대한 관심으로 곧바로 이어지지는 않는다. 환경 문제는 어른인 우리보다 아이들에게 직접적으로 영향을 끼치는 문제지만, 아직은 어리다 보니 심각성을 선뜻 체감하지는 못한다. 그래서 아이들에게 더 자주, 틈틈이 환경 이야기를 꺼내는 편이다.

지구에는 일 년 내내 환경기념일이 있다. 우리가 잘 알지 못하는 환경 관련 행사들이 나라별로 자주 개최되는 것이다. 아무것도 사지 않는 날, 일회용 비닐봉투 없는 날, 종이 안 쓰는 날, 세계 북극곰의 날, 세계 습지의 날, 국립공원의 날, 세계 꿀벌의 날, 바다식목일, 에너지의 날, 지구의 날 등등…….

이 외에도 수업 시간에 아이들과 달마다 다른 환경기념일을 알아보고 발표하는 시간을 가지면 좀 더 많은 이야기를 나눌 수 있다. 일주일에 한 번씩 하는 수업이라 우리는 일주일 중 하루를 나만의 환경기념일로 정해서 각자 실천한 경험담을 다음 수업에 와서 발표하기도 했다.

아이들이 가장 관심을 둔 환경 관련 기념일은 '아무것도 사지 않는 날과 '종이 안 쓰는 날'이었다. 아무래도 가장 현실적이고 실천해볼 수 있는 일이라고 생각해서인 듯했다. 특히 아무것도 사지 않는 날을 가장 길게 얘기한 적이 있는데, 정말 힘든 날이었다고 했다. 일주일 중 딱 하루를 아무것도 안 사는 날로 정해서 어느 날은 혼자 실천했고 어느 날은 가족과 함께 실천해봤다고 했다. 친구들과 하굣길에 먹고 싶은 것도 참고, 사고 싶은 물건도 참으면서 '아무것도 사지 않는 날'을 성공한 경험담을 들려주었다.

그렇게 애쓴 아이의 실천력이 기특해서 칭찬해준 뒤, 그날 참고 안 샀던 물건을 언제 다시 샀냐고 아이에게 물었다. 그런데 아이는, 신기하게도 다음 날이 되니까 먹고 싶지도 않고 사고 싶지도 않아져서 지금까지 사지 않았다고 했다. 한 번만 더 생각하고 조금만 참고 절제하면 실천할 수 있는 일이었다고 뿌듯해하던 아이의 모습이 기억에 남는다. 평소에는 생각해보지 않았을 환경보호에 대한 관심과 실천의 기회를 경험한 시간이 소중한 기억으로 남을 것이다.

고기를 유독 좋아하던 한 친구는 '채식인의 날'만큼은 절대 지킬 수 없다고 웃으면서 얘기하던 기억도 난다. 고기를 먹는 게 지구를 지키는 것과 무슨 상관이 있냐고 반문하는 친구들도 많았다. 채식인의 날은 육식 섭취로 인해 도축되는 식용 동물의 증가를 문제점으로 인식하고, 가축 사육 과정에서 발생하는 메탄

가스 배출을 줄이며, 생명 존중과 방목으로 인한 산림 파괴의 문제점을 되새기는 시간이다.

　수업 시간에 이런 이야기를 나누자, 아이들은 평소 자신들이 먹는 '햄버거'가 환경과 직접 연관을 맺는다는 사실에 매우 놀라면서도 흥미롭다는 반응을 보였다. 아이들에게 환경은 우리 삶과 떼려야 뗄 수 없는 일임을 알려주는 일이 무엇보다 중요하다. 아이들이 우리의 미래이듯, 환경이야말로 우리 아이들의 미래이기 때문이다.

남극 펭귄 구하기 대작전
...

　《안녕, 폴》(센우 글, 비룡소, 2014)은 온통 하얀 세상의 남극기지에서 발견한 환경 오염에 대한 이야기다. 특히 이 책은 다양한 질감의 재료를 활용한 콜라주 기법으로 그림을 구성해, 시각적인 재미와 함께 입체적인 감각을 전해준다. 진짜 머플러 조각, 복슬복슬한 펭귄의 몸, 다양한 재질의 오브제들이 페이지마다 펼쳐지며 독자의 몰입을 한층 더 끌어올린다. 남극의 유일한 요리사 이언은 창문 너머 쓰레기통을 뒤지는 아기 펭귄과 처음 만난다. '폴'이라는 이름을 지어주고 빨간 머플러도 둘러주었지만, 폴은 쓰레기 봉지만 꼬옥 쥘 뿐 아무 말도 하지 않았다. 어느 날 폴은 폭풍이 온다는 소식에 쓰레기 봉지를 들고 밖으로 나간다. 뭔가 이상하다고 느낀 대원들은 펭귄을 따라 한 번도 가보지 않은 얼음 동산 끝에 도착한다. 그곳에서 대원들은 얼어붙은 알을 옮기는 폴을 발견한다. 그렇게 기지 안에만 있던 이언과 대원들은 처음으로 '진짜' 남극에 도착하면서, 지구 온난화로 인한 기후 변화의 심각성을 알게 된다.

지구가 뜨거워지면서 남극의 한쪽은 얼음이 녹아내리지만 다른 한쪽은 더 추워져서 바다가 얼어붙는다. 먹이를 잡으러 나간 펭귄들은 바다가 얼어붙으면서 돌아오지 못하고 알들은 버려지고 있었다. 얼어붙은 알들 사이로 반짝이는 무엇인가가 보였다. 자세히 보니 온갖 쓰레기였다. 폴은 쓰레기를 주워다가 집을 만들고 살아 있는 알들을 따뜻하게 지켜주고 있었던 것이다.

친구들은 폴과 함께 버려진 알을 조심조심 기지로 옮겨왔다. 포근한 둥지를 만들고 아픈 알들을 치료해주며 '펭귄 알 부화 작전'에 돌입한다. 대원들이 오랜 기다림에 지쳐가고 있을 때, 알 속에서는 하루하루 기적이 일어나고 있었다. 관심과 치유가 어우러진 시간이 남극기지를 변화시켰다. 환경 오염과 인간의 욕심으로 동물들이 삶의 터전을 잃어가는 현실 앞에서, 이 이야기는 조용하지만 깊은 진지함을 전한다.

분리수거의 날
...

내가 생태계 보전을 목표로 사회적 활동을 하는 환경운동가는 아니지만 지구를 생각하는 건 사실이다. 평소 집에서 일주일에 한 번씩 재활용을 버리는 날이 되면 분리수거를 왜 이렇게 열심히 하냐는 딸들의 질문을 받는다. 정말 전문가처럼 완벽하게 하지는 못하지만 나름 최선을 다해 열심히 하려는 모습이 아이들한테도 보였던 모양이다.

환경 수업을 하며 관련 그림책을 함께 보다 보면, 나부터 작은 도움이 되고 싶다는 마음이 절로 든다. 아이들에게 분리수거 방법을 가르치면서 내가 실천하지 않는다면, 그것만큼 부끄러운 일도 없을 것이다.

일주일에 한 번씩 재활용 분리수거를 하러 나갈 때도 딸과 항상 같이 나가려고 한다. 단순히 쓰레기를 버리는 게 힘들어서 도움을 요청하는 것은 아니다. 실제로 버려지는 쓰레기와 재활용하는 법을 알려주고 보여주고 싶은 마음이 있다. 잘못된 방법이라면 다시 분류하고, 모르는 것은 같이 찾아보고 물어보면서 제대로 분리수거 하는 방법을 알아보게 된다.

한 번은 배달 음식으로 나오는 쓰레기의 심각성을 눈으로 보고 한동안 배달 음식 금지 기간을 정한 적도 있다. 그리고 재활용까지 생각하면서 일회용품을 다회용품처럼 깨끗이 쓰기도 한다. 당장 눈에 보이는 변화는 없지만, 이런 작은 실천이 앞으로의 지구를 위해 꼭 필요한 환경보호라고 생각한다.

핸드백보다는 에코백
...

환경을 위해 할 수 있는 또 하나의 작은 실천은 장바구니를 넣어 다니는 것이다. 나는 급하게 외출할 때 장바구니가 보이지 않으면 종량제 쓰레기봉투라도 챙겨서 나간다. 핸드백보다는 에코백, 에코백 안에는 장바구니와 텀블러를 챙겨서 외출하는 것이 나의 오랜 생활 습관이다. 대부분 사람들이 장바구니에 대한 인식은 많지만 텀블러에 대한 관심은 생각보다 적다. 일회용품을 줄이자는 취지에서 시작된 텀블러 사용은 개인컵 할인으로 적게나마 경제적 이익도 챙길 수 있다. 또한 일회용품에서 발생하는 미세플라스틱 걱정까지 사라지게 해주니 건강도 지킬 수 있는 셈이다. 환경을 생각하면서 개인컵 할인도 받고 동시에 건강도 챙기는, 일석 삼조의 효과가 있다.

가족과 함께할 수 있는 환경보호운동도 있다. 조깅을 하면서 쓰레기를 줍는 플로깅(plogging)이 대표적이다. 유산소운동과 환경보호운동을 함께하는 일석이조의 효과를 얻을 수 있다. 아이들과 주말에 평범한 산책 대신 플로깅을 나가자고 권하면 특별한 가족 외출이 될 수 있다.

  이와 비슷하게 해변을 빗질하듯 훑으며 바다 표류물이나 쓰레기를 줍고 이를 활용해 작품을 만드는 비치코밍(beachcombing)도 환경보호운동의 한 방법이다. 바닷가로 여름휴가를 갈 때 한 번쯤 해보면 좋은 활동이다.

  개인컵 사용하기, 대중교통 이용하기, 걷기, 자전거 타기, 음식물 쓰레기 줄이기, 장바구니 사용하기, 디지털 기기 사용 줄이기(탄소발생 감소), 물 절약, 실내 적정온도 유지하기, 쓰레기 분리배출 실천하기 등 우리 아이들이 살아갈 지구를 위해 우리가 당장 실천해야 할 환경보호운동은 너무나 많다. 거창한 활동이 아니라 실천 가능한 작은 습관부터 아이들과 함께 해보기를 바란다. 고기를 적게 먹고, 종이를 아껴 쓰고, 장바구니를 들고 나가는 일을 시작으로 환경보호를 실천보면 어떨까?

북 큐레이션_ 환경을 생각하는 그림책

《땅속 마을의 수상한 이웃》(노성빈, 미세기, 2021)

《투발루에게 수영을 가르칠 걸 그랬어!》(유다정 글, 박재현 그림, 미래아이, 2008)

《나무 도둑》(올리버 제퍼스, 황인빈 옮김, 주니어김영사, 2011)

《터널》(헤게 시리 글, 마리 칸스타 욘센 그림, 이유진 옮김, 책빛, 2018)

《지구를 위한 한 시간》(박주연 글, 조미자 그림, 한솔수북, 2019)

《작지만, 위험한 빨대》(엘리프 요낫 토아이 글, 감제 세렛 그림, 장비안 옮김, 춘희네책방, 2022)

《수염 없는 고양이》(김현정 글, 이소영 그림, 가문비어린이, 2018)

《그레타 툰베리, 세상을 바꾸다》(가브리엘라 친퀘 글, 바밀 그림, 이지수 옮김, 보물창고, 2021)

《30번 곰》(지경애, 다림, 2020)

《이제 나는 없어요》(아리아나 파피니, 박수현 옮김, 분홍고래, 2017)

《쓰레기 귀신이 나타났다》(백지영, 미세기, 2021)

《더운 지구 뜨거운 지구 펄펄 끓는 지구》(유다정 글, 김잔디 그림, 파스텔하우스, 2023)

《야, 우리 기차에서 내려》(존 버닝햄, 박상희 옮김, 비룡소, 1995)

《공슬기의 슬기로운 플라스틱 생활》(황연희 글, 이유나 그림, 책읽는달, 2020)

스마트 세상, '오감 독서' 시대가 열리다

내가 살던 고향은
...

내가 어려서부터 지내온 곳은 서울의 작은 단독주택이었다. 집 근처 골목 골목을 돌아다니면서 동네 친구, 사촌오빠들하고 딱지치기부터 구슬치기, 땅따먹기, 술래잡기까지 안 해본 놀이가 없었다. 그러다 동네에 아파트가 들어서면서 우리집도 주택에서 아파트로 이사를 했다. 그 후로 골목 대신 놀이터에서 언니와 그네도 타고 소꿉놀이도 하던 기억이 있다.

    고향이란, 자기가 태어나서 자란 곳이기도 하지만 마음속 깊이 간직한 그립고 정든 곳이기도 하다. 내가 자라온 집이 언제든 찾아가면 그 자리에 그대로 있다는 것은 정말 대단한 축복이다.

내 마음이 불쑥 찾아가도 변함없이 한자리를 지키고 있다는 사실이 고맙고, 큰 위로가 되며, 다시 힘을 낼 수 있게 해준다. 하지만 세상은 변하고 세월은 흐르기 마련이다. 시대의 흐름에 발맞추지 않고 과거의 모습 그대로 남아 있기를 바라는 것은 이기적인 마음일 것이다.

내가 뛰놀던 곳, 내가 자라난 동네가 변한 모습을 보는 마음은 정말이지 쓸쓸하고 허전하지만 세상은 더 나은 모습으로 발전하기 위해 바뀌는 것이라고 믿고 싶다. 이런 믿음과 신뢰가 있어야 우리 아이들이 살아갈 곳이 지금보다 점점 더 나은 곳이 될 테니 말이다.

우리가 과거를 그리워하는 마음에는 인간과 자연이 조화를 이루며 사는 세상을 바라는 마음도 내재되어 있다. 어르신들이 농담처럼 "그때가 좋았지" 하고 말하는 것도 어쩌면 세상이 급변하는 바람에 우리가 놓치고 있는 것은 없는지에 대한 작은 염려일 것이다. 실제로 세상은 많이 바뀌고 있으므로, 중요한 것은 변하고 있는 세상에서 우리가 꿋꿋하게 지키고 가야 할 것이 무엇인지를 정하는 일이다. 그래야 세상의 변화 속도에서 우리 자신과 아이들을 지켜낼 수 있게 된다.

'기본'이 중요하다

• • •

세상이 급변하는 모습은 당장 내가 일하는 방식에도 영향을 끼치고 있다. 그림책 수업을 오랫동안 해왔던 나는 요즘 들어 스마트기기가 내 일을 일부 대신해주고 있음을 느낀다. 스마트기기의 보급으로 사람들이 책을 읽는 모습에도 큰 변화가 왔기 때문이다.

예전에는 내가 아이들에게 일일이 하나하나 책을 육성으로 읽어주었다. 그런데 요즘은 책을 낭독해주는 다양한 사이트와 프로그램 그리고 앱 등이 있다. 잠자리에서 듣는 그림책, 잠들기 직전에 읽어주기 좋은 동화 나라 등 부모들의 책 읽기를 도와줄 다양한 장치들이 나와 있다. 아이는 물론 부모에게도 다양한 선택지를 준다는 점에서 꽤 긍정적이라 생각한다.

그러나 선택지가 다양해진 만큼, 나는 기본에서 출발하고 기본을 강조해야 한다고 말하고 싶다. 아이들이 책을 읽어가는 방법을 시대에 맞춰 변화시키고 새 방식은 받아들여야 하는 것이 현실이다. 하지만 그런 변화의 과정에서도 기본은 여전히 부모가 자신의 목소리로 읽어주는 책 읽기다. 무엇보다도 아이와 부모가 함께 책을 읽으며 나누는 정서적 교감은 어떤 기술이나 기계로도 대신할 수 없는 소중한 경험과 양분을 준다고 믿는다. 모든 것을 기계가 대신 해줄 수 없는 이유가 여기에 있다. 부모가 원하는 것과 아이가 원하는 것, 부모가 전달하고자 하는 것과 아이가 받아들이는 것 사이의 소통과 의견 교환이 책을 읽고 서로 이야기를 나누는 시간에 이루어진다. 이 기적 같은 기회를 놓쳐서는 안 된다.

AI와 챗GPT의 시대, 21세기는 앞으로 더더욱 책(종이책)과 디지털 문서(전자책)가 공존하고, 더 나아가 책을 대체하는 오디오북도 점점 다채로워질 것이다. 변화를 부정하는 게 아니라, 기본부터 잘 닦고 탄탄히 채워나가는 게 중요함을 강조하고 싶다. 책 읽기 역시 아날로그와 디지털이 공존하며 새로운 변화를 맞이하는 시기임에는 틀림없지만, 둘 사이에서 적절한 균형을 잡고 이를 균등하게 배분하는 시간 관리가 무엇보다 중요하고 또 필요하다고 확신한다.

독서는 단순히 읽는 것에서 그치는 것이 아님을 계속 강조하고 싶다. 글을 읽고 그림을 보는 것에서 발전해서 그림책을 VR 등으로 간접 체험하는 시대가 다가왔다. 실제로 오감을 자극하는 '온몸으로 읽기'의 시대가 열리고 있다. '오감 독후 활동'의 시대, 기본기부터 탄탄히 다져온 아이들의 독후 체험은 날개를 달게 된다.

마침내 평화를 찾은 작은 집
...

버지니아 리 버튼 작가의 《작은 집 이야기》(홍연미 옮김, 시공주니어, 2010)는 미국이 거대 자본주의 국가로 발전하면서 모든 것이 무섭게 변하던 시기에 태어난 그림책이다.

시골 마을에 아담하고 아름다운 작은 집을 튼튼하게 지은 사람은 금과 은을 다 주어도 절대로 집을 팔지 않겠다고 다짐한다. 언덕 위에 올라앉은 작은 집은 주변 경치를 바라보면서 무척 행복했다. 밤이 되면 작은 집은 달을 바라보았고, 달이 없는 날에는 별을 바라보았다. 때론 반짝거리는 먼 도시의 불빛을 보며 도시라는 곳이 어떤 곳인지 궁금해하기도 했다.

점점 시간이 흐르고 마차가 줄면서 증기 삽차 한 대가 나타나 언덕을 깎아내고 길을 팠다. 이제는 자동차가 다니는 날이 왔고 온 세상이 그 전보다 훨씬 빠르게 움직였다. 도로는 자꾸 늘어나고 마을은 조각조각 나뉘고, 더 커진 집들이 들어섰다. 이젠 아무도 작은 집에 살고 싶어 하지 않았고 작은 집을 돌봐주지 않았다.

밤이 되면 보이던 달과 별빛 대신 도시의 불빛은 아주 가까이에서 빛나기 시작했고 가로등도 밤새도록 켜져 있었다. 작은 집은 데이지꽃이 핀 들판과 달빛 아래서 춤추는 사과나무들이 그리웠다.

오래지 않아 작은 집 위로 고가 전철이 지나다니기 시작했다.

작은 집은 높은 건물들 사이에서 계절이 지나가는 것조차 구별할 수 없었다. 작은 집은 너무 슬프고 외로웠다.

어느 화창한 봄날 작은 집을 지은 사람의 손녀의 손녀가 그 집이 할머니의 집이라는 것을 알아냈다. 마침내 들판 한가운데 사과나무가 자라고 있는 조그만 언덕으로 작은 집을 옮겼다. 작은 집은 계절이 바뀌는 것을 보면서 다시 행복한 미소를 되찾았다. 작은 집은 다시 사람이 살게 되었고, 사람들의 보살핌도 받았다. 시골에서는 온 세상이 조용하고 평화로웠다.

미국 그림책의 황금기라 일컬어지는 1930년대에 나온 이 작품은 미국의 산업화를 상징적으로 말해준다. 작은 집이 빌딩 숲으로 둘러싸이고 마차가 바퀴 달린 탈것으로 바뀌는 산업화의 과정에서, 작은 집이 끝내 지키려 했던 '정체성'은 무엇일까? 그것이 지금 현대 자본주의 사회를 사는 독자들에게 어떤 울림을 주는지를, 작가는 차분하고 객관적인 그림과 어투로 잘 전달해준다.

작은 집은 자신이 있어야 할 곳으로 돌아갔을 때 자기 정체성을 찾을 수 있었다. 고전이 왜 오래가고 영원한지, 우리가 아무리 과학 문명이 발달한 세상에 살더라도 '고향'과 '기본'을 왜 잃지 않아야 하는지를 '작은 집'의 비유로 잘 알려주고 있다.

이 그림책의 신기한 점은, 유아부터 초등학교 아이들까지 모두 다 좋아한다는 사실이다. 사람이 주인공이 아니고 '작은 집'이 주인공인, 어찌 보면 무척 담담한 이야기처럼 들리는데도 많은

이의 사랑을 받는 이유가 있다. 그건 아마도 작은 집이 사과나무가 자라는 따사로운 들판 한가운데로 옮겨 갔을 때 느끼는 안도와 평화를, 책을 읽는 아이들도 고스란히 전달받았기 때문이 아닐까.

그림책을 경험하는 새로운 방법
···

그림책을 경험하는 새로운 방법이 계속 생겨나는 세상이다. 대표적인 장소가 고척돔에 있는 전문서점 '서울아트책보고'다. 국내 최초로 아트북을 기반으로 한 공공복합문화공간인 이곳은 단순히 보고 읽는 책의 개념을 넘어서 다양한 문화와 예술을 경험하고 체험하는 곳이다. 융합예술 콘텐츠 개발사인 '아름담다'가 '모두의도서관' 프로젝트로 설치했으며, 아트전문서점 11곳이 한 곳에 모여 있다.

이곳의 가장 큰 특징은 아트북 전문서점과 도서관뿐 아니라 북카페, 갤러리, 아트북 열람실과 체험존 등 다양한 볼거리와 놀거리, 체험 거리가 한 곳에 모여 있다는 점이다. 주기적으로 주제와 전시가 바뀌며 늘 아이들에게 새로운 경험과 창의력의 기회를 제공한다.

실제 종이 그림책이 아닌 모니터를 통해서 종이의 재질을 시각화하고 스피커로 소리를 들으며 읽고 보는 3D실감형 그림책을 살펴볼 수 있다. 그림책 속으로 들어가 주인공이 되거나 주인공과 함께 콘텐츠를 즐기는 VR 체험형 그림책을 경험할 수 있는 것도 서울아트책보고가 선사하는 큰 재미다. 그림책 수상작을 애니메이션 영상으로 관람하고, 유명 그림책 작가의 작품을 가상 전시 공간을 통해 체험하기도 한다. 영상으로 책을 읽는 체험 존은 헤드셋을 착용하고 화면을 통해 이야기를 들을 수 있다. 그림책의 내용을 애니메이션처럼 즐길 수 있어 어린아이들도 쉽게 이용할 수 있다. 책 읽어 주는 로봇 고양이(디지털 스트리밍북 디바이스로 그림과 함께 책 내용을 읽어줌)와 스마트 카드북은 새로운 방식의 독서 경험을 할 수 있는 기회를 제공한다.

이처럼 글자를 읽기만 하는 독서가 아니라 시대의 흐름에 따라 현실과 가상을 연결하는 메타버스 그림책 플랫폼, 독자와 스마트기기와의 상호작용을 강조한 인터랙션 그림책, 증강현실(AR) 그림책, 전자책(e-book), 교육용 그림책 앱, 온라인 그림책 전시 등 그림책이 다시 탄생하는 것을 경험한다.

인터랙션 그림책은 말 그대로 독자가 책의 내용에 능동적으로 참여하면서 이야기를 진행하거나 캐릭터와 상호작용할 수 있는 요소가 포함되어 있다. 그림책 이야기에 개입할 수 있는 활동이나 질문이 포함된 참여 방식이 대부분이다. 종이책뿐 아니라 디지털 형식으로 제작되어 앱이나 웹사이트를 통해 접근할 수 있는 다양한 매체를 허용한다. 또한 시각, 청각, 촉각 등 다양한 감각을 자극하는 요소가 포함되어 독서 경험을 다채롭게 한다.

아이들에게 열리는 새로운 세상을 준비하는 어른들의 준비
...

우리 아이들이 살아갈 세상은 이처럼 그림책을 경험하는 색다르고 새로운 방법이 속속들이 생겨날 것이다. '오감 독서'뿐 아니라, 상상과 가상현실까지 체험하게 하는 독서와 체험의 영역이 확장된다. 그러나 중심을 기본에 두고, 아이들에게는 더더욱 상상과 가상 사이의 공간을 유지해야 한다. 지나치게 채워지면 터져버리기 쉬운 풍선처럼 가상의 공간에 채워질 공기의 양은 적절해야 한다. 적절하게 공기가 채워져야 우리 안에 내재된 상상의 바람이 계속 부풀어 오를 수 있다. '상상의 바람'은 다양한 교육이 제 역할을 해야 한다. 나는 네 가지를 제안하고 싶다.

첫째, 아이들이 비판적으로 사고하고 창의적으로 문제를 해결하도록 돕는 인문학 교육이 필요하다. 인문학은 한 가지 문제를 다양한 관점에서 바라보고 깊이 있게 이해하는 능력을 길러준다. 이러한 과정을 통해 아이들은 비판적 사고력을 키우고, 더 나아가 건강한 사회 구성원으로 성장할 수 있는 기초를 다지게 된다.

둘째, 아이들에게 자연보호를 비롯한 환경 문제에 대한 인식을 높이는 것이 필요하다. 환경을 아끼고 사랑하는 마음을 가르치는 동시에 직접 체험할 수 있는 기회를 함께 제공하면 그 효과는 더욱 커진다. 지역 사회 활동이나 자원봉사에 참여하는 경험은 아이들이 환경에 대한 관심을 넘어서 사회적 책임감까지 함께 기를 수 있도록 돕는다.

셋째, 아이들에게 공감, 존중, 협력과 같은 사회적 가치를 가르치는 동시에 다양성을 이해하고 포용하는 태도를 기를 수 있도록 돕는 것이 중요하다. 책을 함께 읽으며 자신의 감정을 솔직하게 표현하고 아이의 감정도 따뜻하게 받아들이는 환경을 만들어주자. 이런 경험은 아이가 감정 조절과 소통 능력을 자연스럽게 익히는 데 큰 도움이 된다.

또한 아이가 자유롭게 자신을 표현할 수 있는 공간과 시간도 꼭 필요하다. 부모가 일과 가족 사이의 균형을 잘 조율하여 아이들과 충분한 시간을 보내려고 노력할 때 아이는 더 건강하고 안정적으로 성장할 수 있다.

넷째, 마지막으로 필요한 것이 기술 활용 능력인데, 급변하는 기술 시대에 적응할 수 있도록 디지털 리터러시 교육을 강화함으로써 기술을 올바르게 활용하는 방법을 가르쳐야 한다. 아이들이 건강하고 행복한 미래를 만들어나갈 수 있도록 돕는 것은 어른의 마땅한 책임이다. 다양하고 지속적인 독서 습관으로 부모 스스로 새로운 지식과 기술을 배우는 모습을 보여주는 것이 아이에게 학습의 중요성을 인식시키는 데 도움을 줄 수 있다. 다양한 주제의 책을 읽으며 사고의 폭을 넓히고 아이와 함께 독서하는 시간을 가지면 효과적이다.

직접 경험하지 않은 현상이나 사물을 마음속으로 그려보는 상상력은 때때로 현실을 뛰어넘는 가능성을 만들어낸다. 우리는 상상의 일부를 사실이라 가정하며 새로운 가상 세계를 창조하고 현실의 경험에 상상을 더해 미래를 그려간다. 디지털 기술과 AI가 일상으로 들어온 지금 이러한 상상력은 더 이상 추상적인 개념이 아니라 새로운 시대를 여는 핵심 역량이 되었다. 이제 책을 읽는 일도 단순한 문자 해독을 넘어 오감을 활용해 세상을 입체적으로 이해하는 '스마트 독서'로 진화해야 할 때다. 그림책이나 영화 속 세계가 현실이 되는 지금, 독서 역시 시대에 맞게 다시 정의될 필요가 있다.

어쩌면 종이로 읽는 것이 고전적인 방법이 될지도 모르는 미래의 아이들에게 상상력을 키우는 힘은 전통적인 방법의 책읽기라는 사실을 알아야 한다. 디지털 독서법이 가상의 현실을 가져오고 현실과의 구분을 흩뜨려 놓는 터무니없는 독서법이 되지 않도록 주의하면서 아이들에게 다양하고 새로운 방법의 독서 지도를 할 필요가 있다. 부모가 먼저 알고 안내하면, 아이는 정체성을 잃지 않고 시대 흐름에 따라 건강하게 성장할 수 있다. '기본'에 뿌리를 두되 변화를 두려워하지 않고 즐기는 사람, 그의 성장을 막을 사람은 아무도 없을 테니까. 모든 아이들의 다양함과 발전적인 성장을 응원한다.

 북 큐레이션_ 팝업 북, 페이퍼 커팅 북, 인터렉션 그림책

《백조의 호수》(차이콥스키 원작, 샤를로트 가스토 글, 최정수 옮김, 보림, 2014)
《바다 이야기》(아누크 부아로베르·루이 리고, 이정주 옮김, 보림, 2014)
《나무늘보가 사는 숲에서》(아누크 부아로베르·루이 리고, 이정주 옮김, 보림, 2014)
《놀라운 하늘》(엘렌 드뤼베르 글, 쥘리에트 아인호른 그림, 이충호 옮김, 보림, 2022)
《수잔네의 밤》(로트라우트 수잔네 베르너, 윤혜정 옮김, 보림, 2017)